W0171268

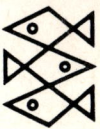

Deutsche Erstausgabe
Fischer Taschenbuch Verlag
Oktober 1976

Umschlagentwurf Jan Buchholz/Reni Hinsch
unter Verwendung eines Fotos des Rezeptes ›Emmentaler Schnitzel‹
(Foto: Kellner und Sonnenberg)
Aus dem Englischen übertragen von Inge Presser

Idee und Layout: Plenary Publications International, Inc.
Satzherstellung: Otto Gutfreund & Sohn, Darmstadt
Druck und Bindung: van Boekhoven-Bosch N. V., Utrecht, Holland
›Central European Cooking‹
Copyright © 1976 by Product Development International
Holding N. V. Willemstad (Curaçao)
Für die deutsche Ausgabe:
© Fischer Taschenbuch Verlag GmbH, Frankfurt am Main 1976
Alle Rechte vorbehalten
Nachdruck oder Vervielfältigung dieses Buches, auch auszugsweise,
ohne schriftliche Genehmigung verboten
Printed in The Netherlands
780-ISBN 3 436 02331 0

Fischer Internationale Küche

Schweiz · Österreich
Tschechoslowakei
Ungarn · Rumänien

Rezeptauswahl von
Eva Bakos / Albert Kofranek

Fischer Taschenbuch Verlag

Inhaltsverzeichnis

Bei Tisch in Zentraleuropa	6
Österreich	9
Rumänien	14
Schweiz	7
Tschechoslowakei	11
Ungarn	12

Weine und	
andere Spirituosen	17
Vorspeisen	20
Käsegerichte	27
Suppen	32
Knödel	43
Fischgerichte	47
Fleischgerichte	64
Geflügel und Wild	87
Gemüsegerichte	95
Desserts und Kuchen	105
Getränke	122

Vorspeisen	
Böhmische Eierspeise	25
Gefüllte kalte Eier	21
Gerollte Eierspeise	25
Kartoffelsalat	26
Rindfleischsalat	24
Solothurner Käseschnitte	20
Tiroler Eierspeise	24

Käsegerichte	
Fondue	30
Jura-Omelett	29
Käse-Beignet	29
Käsekrapfen	28
Käsepastete Fribourg	31

Suppen	
Brotsuppe mit Eiern	36
Erbsensuppe	42
Fischsuppe	36
Gulaschsuppe	33
Gurkensuppe	40

Hühnersuppe	38
Kartoffelsuppe	34
Kohlsuppe	41
Kümmelsuppe	38
Lammsuppe	40
Lebersuppe mit Rahm	42
Paradiessuppe	37
Paprikasuppe	33
Pilzsuppe	41
Sauerkrautsuppe	39
Wiener Fleischsuppe	35
Wiener Kraftbrühe	34

Knödel	
Kartoffelknödel	45
Leberknödel	45
Nudelschöberl	46
Nudelteig	44
Schinkenfleckerl	46
Semmelknödel	44

Fischgerichte	
Böhmische Heringe	50
Fischfilets nach Wiener Art	60
Fisch in der Folie	48
Fisch mit Pilzen	60
Fisch mit Spargel	52
Fischragout	63
Forellen mit Tomaten	59
Gebackener Karpfen	51
Gefüllter Hecht	61
Hecht in Kapernsoße	58
Hecht Keszthely Art	49
Kalte Forellenfilets	49
Karpfeneintopf	53
Karpfen in Rotwein	53
Karpfen in schwarzer Soße	57
Karpfensuppe	54
Lachs nach Basler Art	56
Lachs nach Tizian Art	62
Paprikakarpfen	55

Schollenschnitzel	48		Kaninchenpastete	91
Tiroler Forellen	56		Paprikahuhn	89

Fleischgerichte

Gemüsegerichte

Berner Platte	70		Auberginensalat	104
Bosnische schwarze Pfanne	85		Gefüllte Paprikaschoten	103
Eingemachtes Kalbfleisch	78		Gefüllte Zwiebeln	95
Emmentaler Schnitzel	70		Karfiol Wiener Art	100
Fleischeintopf	71		Krautstrudel	99
Fleischpflänzchen	82		Lauch à la Vaud	101
Gefüllter Kohl	83		Maisporridge	104
Gegrillte Würstchen	83		Paprikakartoffeln	97
Geschmortes Fleisch	79		Paprika-Tomatengemüse	98
Gespickte Kalbsvögerl	77		Reis mit Bohnen	96
Gulasch	76		Rösti	97
Gulasch Klausenburger Art	75		Schaffhauser Bölletünne	101
Hammelkeule	86			

Desserts und Kuchen

Kalbsgulasch	78		Apfelpastete	120
Kalbszunge	72		Apfelstrudel	118
Krautfleisch	80		Buchteln	115
Kümmelfleisch	75		Dobostorte	112
Leberpastetchen	82		Gugelhupf	119
Paprikaleber	74		Honigleckerli	109
Reisfleisch	65		Käsepastete	121
Rindfleisch mit Gurken	66		Kastanienpüree	117
Schnitz und Drunder	79		Linzer Torte	108
Schweinehaxen	67		Mohnstrudel	117
Schweinekotelett	84		Mohr im Hemd	113
Steak Esterházy	74		Müesli	109
Steirisches Wurzelfleisch	69		Pflaumenknödel	111
Tafelspitz	71		Sachertorte	107
Wiener Schnitzel	81		Schneenockerln	110
Znaimer Gulasch	68		Streuselkuchen	113
Züricher Geschnetzeltes	73		Thurgauer Apfeltorte	114
			Ungarische Pfannkuchen	116

Geflügel und Wild

			Urner Bauernpastete	120
			Züricher Pfarrhaustorte	121
Backhendl	93			
Ente mit Rotkohl	90			
Ente mit Süßmais	90			

Getränke

Gebratene Gans	94		Eierbier	124
Gebratenes Entchen	94		Glühwein	123
Hühnerkasserolle	88		Kakao mit Schlagobers	124
Hühnerragout	87		Kardinal	124
Huhn in Weinsoße	92		Wiener Kaffee	123

Bei Tisch in Zentraleuropa

Das riesige Gebiet Zentraleuropa erstreckt sich von den schneebedeckten Spitzen der Alpen am breiten Tal der Donau entlang durch Österreich, die großen Ebenen Ungarns, bis hin zu den dunklen Wäldern der Karpaten in Rumänien. Es ist ein Fleckenteppich von Ländern, Völkern, Sprachen, Religionen und Kulturen. Seine Völker sprechen Französisch, Deutsch, Italienisch, Tschechisch, Slowakisch, Ungarisch und Rumänisch, und sie sind Lutheraner, Calvinisten, römisch-katholischen und griechisch-orthodoxen Glaubens. Die kulinarische Tradition ist ebenso mannigfaltig wie die Landschaft. Jede Nation hat, obwohl die Kontakte zwischen den Ländern sehr eng waren, über Jahrhunderte ihre eigenen, besonderen Nationalgerichte bewahrt.

Schweiz

Die Schweiz, das kleine Land mit seinen mächtigen Bergen und kristallklaren Seen ist seit langem als »Erholungsgebiet Europas« berühmt. Im Sommer verbringen die Feriengäste ihre Zeit mit Bergsteigen, Wandern, Segeln und Schwimmen, im Winter ziehen die Berge Feriengäste aus aller Welt zum Skilaufen an. Die Schweiz ist bekannt als Land mit einer erstklassigen Hoteltradition. Junge Leute aus ganz Europa kommen dort hin, um in Spezialschulen für das Hotelwesen ausgebildet zu werden oder um in diesen Hotels zu arbeiten. In den modischen Wintersportgegenden wie St. Moritz und Pontresina warten berühmte Luxushotels ihren Gästen mit einer erlesenen internationalen Küche auf. Aber die alten schweizerischen Gerichte sind nicht völlig vergessen, und die Gäste kleiner Hotels und Gaststätten können sich noch immer an der traditionellen Küche erfreuen.

Ehe der Tourismus und das Bankwesen aus der Schweiz

ein reiches Land machten, war sie so arm, daß sie in der Tat kaum ihr Volk ernähren konnte. Männer aus den Dörfern der Schweiz kämpften außerhalb des Landes als Söldner. Schweizer Garden dienten einst den Königen von Frankreich, und auch heute noch schützen sie den Papst im Palast des Vatikan. Die Schweizer Küche war immer schlicht und einfach, gleichzeitig aber sehr kalorienreich, um die Energien für die Arbeit in kalten Wintern und die Fußmärsche durch die steilen Berge zu kompensieren. Wegen der Schneemengen waren früher viele Dörfer und entlegene Höfe in den Bergen monatelang abgeschlossen. Diese Isolation zwang die Menschen, das beste aus dem zu machen, was sie selbst zu Hause herstellen und aufbewahren konnten: Käse von der Milch der Kühe, Kartoffeln von den dürftigen Äckern und getrocknetes Obst von den kleinen Heimgärten. Trotzdem ist es kaum möglich, von einer schweizerischen Nationalküche zu sprechen, da das kleine Land von den es umgebenden Nationen stark beeinflußt wurde. In der Schweiz werden drei Hauptsprachen gesprochen: Deutsch im nördlichen und mittleren Teil, Französisch im Westen und Italienisch im Süden; ähnlich kann man die Küchen unterscheiden. Die Gerichte der nördlichen Schweiz und des Kernlandes ähneln sehr den Speisen in Süddeutschland. Hier gibt es auch die gemütlichen Kneipen, wo schäumendes Bier aus großen Krügen getrunken wird; dazu ißt man würzige Würstchen, z.B. »dürre Landjäger«, »Knackerli« oder »Bündnerfleisch« (luftgetrocknetes Fleisch in hauchdünnen Scheibchen). Die beiden be-

kanntesten Gerichte aus der deutschsprachigen Schweiz sind die »Berner Platte«, mit verschiedenen Würstchen, Schweinefleisch und Sauerkraut, und der »Züricher Ratsherrntopf«, der eine Vielzahl von verschiedenen Fleischsorten enthält. In der Westschweiz ist die Basis vieler Rezepte der Käse. Kein Wunder, denn dort gibt es den berühmten Gruyère und den Emmentaler. Das Schweizer Fondue aus geschmolzenem Käse und Weißwein stammt ebenfalls aus dieser Gegend. In ihren Almhütten stellen die Bauern eine kräftige Käsesuppe her: Eine Schicht geriebener Käse kommt in eine Schüssel, darüber wird ein Ei geschlagen und alles mit einer kochendheißen Brühe, die Kartoffeln und Zwiebeln enthält, übergossen. In der Südschweiz, die sich wie ein sonniger Bergbalkon nach Italien erstreckt, ist die Küche entsprechend vom Süden beeinflußt. Es gibt dort Spaghetti und Makkaroni, Polenta, Minestrone und gefüllte Schweinshaxen. Aber ganz gleich, wohin man in der Schweiz kommt, überall gibt es hervorragende Fische wie den »Omble Chevalier« (eine Barschart), der aus dem Genfer See stammt, und »Felchen« (von der Lachsfamilie) aus dem Züricher See; beide werden mit einer köstlichen, dik-

ken Rahmsoße serviert. Auch Kuchen und Torten sind sehr beliebt, meistens mit Früchten oder mit der berühmten Schweizer Schokolade hergestellt.

Österreich

Österreichische Küche heißt so viel wie Wiener Küche. Wien war schon immer eine Stadt der Restaurants, Cafés, Kaffeestuben und vor allem der »Konditoreien«. Und immer noch liegt kaiserlicher Glanz über allem. Wien ist

heute noch eine Stadt des Stils, der Eleganz und bewahrt immer noch ein wenig von der sorglosen Atmosphäre, die in seiner kaiserlichen Vergangenheit herrschte.

In Wien ißt man am Morgen nur eine Kleinigkeit, denn später, etwa um 10 Uhr 30 nimmt man ein »Gabelfrühstück« ein, am liebsten in einem gemütlichen Café. Das kann entweder ein Teller Gulasch oder kalter Braten mit Meerrettichsoße, oder warme Würstchen mit Senf, oder Nierchen in Rahmsoße sein. Mit einem Glas Bier dazu kann man damit bis zum Mittagessen um 1 Uhr aushalten. Das Mittagessen beginnt mit einer Vorsuppe. Ein beliebtes Hauptgericht ist z. B. gedämpftes Fleisch in Sauerrahmsoße mit Zwiebeln und Paprika (der ungarische Einfluß ist besonders in Wien sehr stark) und Kartoffeln oder Nudeln. Noch ist aber der Appetit nicht gestillt. Ein süßes Dessert folgt, die Wiener nennen es Mehlspeise, eine prosaische Bezeichnung für die herrlichen Desserts, die die Wiener Küche bietet. Hierzu zählen der »Schmarrn« – eine Art Pfannkuchen aus vielen Eiern gemacht, »Knödel«, die Aprikosen oder Pflaumen enthalten, dünne Pfannkuchen wie der »Palatschinken« und der berühmte »Strudel«. Um vier Uhr ist Kaffeezeit. Nun beleben sich die großen, altmodischen Kaffeehäuser, die schon Generationen von Dichtern, Komponisten und Philosophen bewirtet haben. Eine Spezialität ist hier die »Wiener Melange«, eine große Tasse Kaffee mit einem Berg Schlagsahne darauf. Man kann den Kaffee auch in einer Konditorei trinken und eine Wiener Köstlichkeit dazu verzehren, wie »Krapfen« oder ein »Kipferl« oder vielleicht ein Stückchen »Linzer-« oder »Sachertorte«. Das Abendbrot ist verständlicherweise bescheiden, oft nur

kalter Braten mit Brot. Man kann aber auch im Opernhaus Champagner trinken und Kaviar oder geräucherte Forelle oder Sandwiches mit geräucherter Gänsebrust essen. Einfachere Büffets bieten warme Würstchen, Kartoffelsalat und Bier an. Um einen Abend wirklich festlich zu beschließen, kann man ins Hotel Sacher gehen. Dort genießt man dann noch ein knuspriges Wiener Backhendel oder eine kalte Forelle und dazu ein Glas kühlen, österreichischen Weißwein.

Tschechoslowakei

Die Tschechoslowakei ist berühmt für sein Bier und seine Würstchen, die am besten in einem der vielen Biergärten schmecken, in denen ganze Familien schöne Sommertage und -abende verbringen. Ursprünglich ist die tschechoslowakische Küche eine Mischung aus deutscher und slawischer Tradition. Von deutscher Seite stammen die »Knedliki« (eine slawische Abwandlung des Wortes Knödel). Es gibt sie in allen möglichen Größen und Formen. Sie dienen als Suppeneinlage oder Beilage zum

Fleisch. Manchmal sind sie mit süßen Pflaumen oder anderen Früchten gefüllt. Die Tschechen lieben auch Räucherfleisch, oft mit einer schweren Soße aus Sauerrahm und geriebenem Meerrettich serviert. Pilze, die in den riesigen Wäldern Böhmens gesammelt wurden, sind besonders beliebt. Am Ende des Sommers und im Herbst tauchen auf allen Märkten Berge von Pilzen auf, und in fast jeder Küche hängt eine Schnur mit Pilzen zum Trocknen von der Decke. Aus den Wäldern kommen nicht nur Pilze, sondern auch Wild. Die Tschechoslowakei ist ein Paradies für Jäger. Festgerichte, die der tschechoslowakischen Küche wirklich zur Ehre gereichen, sind Karpfen in schwarzer Soße und Gänsebraten. Es gibt kein Dorf ohne Gänse. Zur Weihnachtszeit können sie ein Gewicht von über 20 Pfund erreichen und sind dann beim Familienessen Hauptgericht.

Ungarn

Auch die ungarische gehört zu den ganz großen Küchen Europas. Die Ungarn stammen von wilden Reiterstämmen ab, die im 9. Jahrhundert aus den Steppen Zentralasiens einwanderten und sich dort niederließen, weil sie die weiten Ebenen Ungarns an ihre Heimat erinnerten. Die Ungarn sprechen eine Sprache, die mit anderen europäischen Sprachen nicht verwandt und deshalb für uns sehr schwer erlernbar ist. Das Volk hat einen ausgeprägten Nationalcharakter, ist sehr temperamentvoll, intelligent, musikalisch und von einer

Melancholie überschattet, die nur bei gutem Essen und Trinken und beim Klang guter Zigeunermusik zu verschwinden scheint. Nur in Frankreich schenkt man gutem Essen eine ähnlich große Beachtung, und wie in Frankreich hat die Wertschätzung von gutem Essen und der Erfindergeist eine große Tradition der Restaurants geschaffen. Schlecht in Ungarn zu essen, ist fast unmöglich. Ganz gleich, wo man speist, sei es in den eleganten Restaurants von Budapest, den kleinen Cafés im Freien am Balatonsee oder auf entlegenen Höfen im ungarischen Flachland, das Essen wird überall liebevoll zubereitet. Man sagt oft, daß Paprika das Herzstück der ungarischen Küche ist. Tatsächlich stammt sie ursprünglich gar nicht von dort. Spanier brachten sie vielmehr im 16. Jahrhundert von dem neu entdeckten Kontinent mit, Portugiesen verkauften Paprikasamen in Venedig, die Griechen verkauften sie den Türken, und die Türken, die damals über Ungarn herrschten, waren es, die schließlich in ihren Gärten diese Pflanzen anbauten. Das war damals aber immer noch der scharfe Pfeffer, in Europa »Türkischer Pfeffer« genannt, der aus Mexiko stammte. Im 19. Jahrhundert experimentierten die Ungarn dann mit dieser Pflanze und erzielten die edle Paprika mit der schönen roten Farbe, dem pikanten Aroma und Geschmack. Sie nannten sie süße Paprika. Sie wächst im südlichen Ungarn, wird im September reif und dann an Schnüren an den weißen Wänden der Bauernhäuser zum Trocknen aufgehängt. Wenn die Früchte strohtrocken sind, werden sie zu Pulver gemahlen. In den drei Wochen, die zum Trocknen nötig sind, sind die Bauerndörfer mit diesen glänzenden roten Paprikakränzen, die in der warmen Herbstsonne hängen, festlich geschmückt, und wenn man durch die Dörfer wandert, so scheint es, als gehe man einem Sonnenuntergang entgegen. Außer diesem edelsüßen Paprikapulver gibt es aber auch schärferes; um eine Suppe richtig feurig zu machen, wird Rosenpaprika verwendet. Es gehört z.B. in die berühmte Karpfensuppe, die am besten in einem der Fischerdörfer an der Donau schmeckt. Man kocht die Suppe in großen Kesseln an einem Dreifuß über offenem Feuer, und ihre feuerrote Farbe rührt von diesem Paprikapulver her. Die Reiter in den weiten Steppen kochten ihren Gulasch auf die gleiche Weise, und die Abendsonne sah ebenso glühend aus wie der Gulasch im Kessel. Als Gewürz wird hierbei Halbsüßpaprika genommen.

Ungarn ist ein fruchtbares Land, mit reichen Ernten, heißen, trockenen Sommern und langen, sonnigen Herbsten. Aus dem ungarischen Weizen wird mit das beste Brot Europas hergestellt, und der Mais und die Sonnenblumenkerne geben dem Fleisch der Schweine und des Geflügels, die damit gefüttert werden, eine unvergleichliche Zartheit und Schmackhaftigkeit. In der warmen Sonne gedeihen auch saftige Früchte und goldene Weine. Der Reichtum des Landes spiegelt sich im Bauernfrühstück am besten: Morgens nimmt man ein Gläschen Aprikot-Brandy zu sich, ißt ein gutes Bauernbrot mit Speckstreifen, die in Paprika gerollt wurden; dazu gibt es frische, gelbe Paprika und Scheibchen von einer köstlichen, harten Salami.

Rumänien

Das Gebiet zwischen der ungarischen Grenze und den Karpaten war jahrhundertelang ein Teil Ungarns. Es ist daher nicht verwunderlich, daß die rumänische Küche eine ungarische Note hat und reichlich rote Paprika verwendet. Rumänien hat aber auch seine eigene kulinarische Tradition. Ein wichtiges Element darin ist die »Mamaliga« oder, wie sie die Rumänen zärtlich nennen, »Mamaligutsa«, ein dikker Brei aus grobgemahlenem Maismehl, der italienischen Polenta ähnlich. Aber da die Rumänen einen besonderen Mais anbauen und ihn auf besondere Art zubereiten, ist die Mamaliga einmalig. Die rumänischen Frauen bringen die Mamaliga auf einem Holzbrett zu Tisch, vom Brett hängt eine Schnur, mit der die dicke Masse aufgeschnitten wird. Mamaliga wird zu allem serviert, ähnlich wie in anderen

Küchen Europas die Kartoffeln. Aber die klassische Kombination bleibt Mamaliga mit frischem, weißem Schafskäse, pochierten Eiern und dickem Sauerrahm. Am besten lernt man die rumänische Küche auf einer Bauernhochzeit kennen. Im Oktober wird am liebsten geheiratet. Schweine, Gänse, Truthähne und Hühnchen wurden den Sommer über gemästet, die jungen Weine wurden eben in die Keller geschafft, der Mais ist geerntet und das Wetter immer noch warm. Zu einer echten rumänischen Hochzeit sind mindestens 100 Gäste geladen, die an langen Tischen und Holzbänken vor einem Bauernhaus bedient werden. Die Hochzeitsfeier dauert drei Tage und drei Nächte, vom Freitagabend bis Montagnachmittag. Hinter dem Haus wird das Fleisch gekocht, gebraten und gegrillt, in großen Kesseln köchelt die Suppe, und am Grill drehen sich Gänse, Hühnchen und Puter. Auf der Veranda stehen große Fässer mit Wein und Schnaps, aus denen die Krüge an den Ti-

schen ständig nachgefüllt werden. Bei jeder klassischen Hochzeit musizieren Zigeuner: zwei Geigenspieler, ein Bassist, ein Zitherspieler und fast immer eine Sängerin. Diese Musikanten ziehen dem Paar zur Kirche voraus und begleiten es aus der Kirche bis hin zum Festplatz. Die Rumänen haben die Gewohnheit, im Freien zu speisen, von den Türken übernommen. In jeder rumänischen Stadt gibt es mindestens ein Lokal, das im Freien serviert, in der Hauptstadt Bukarest gibt es gleich Dutzende. Die Gäste sitzen dabei unter Bäumen, unweit dreht sich der Grill über dem Holzkohlenfeuer; der Geruch dieses Feuers und die Düfte von gegrilltem Fleisch und Pflaumenschnaps ziehen herüber und sind gleicherweise appetitanregend. An schönen Sommerabenden sitzen die Rumänen stunden-

lang in diesen Restaurants, speisen, trinken, diskutieren und summen zur Musik des Zigeunerorchesters. Für diesen glückseligen Zustand haben

die Rumänen das unübersetzbare Wort »kef«, es bedeutet etwa: sich wohlfühlen, mit Freunden beisammen sein und Freude am Essen und Trinken haben. Eben dieses »Kef« ist es, das unvermeidlich von allen Rumänen, die in der Ferne weilen, vermißt wird, sie mit Heimweh erfüllt, Heimweh nach »Mamaligutsa«, nach dem Duft von »Mititei« (kleinen knoblauchgewürzten Würstchen, die am Holzkohlenfeuer gegrillt werden) und nach dem herrlichen Geschmack der Tsuica, dem Pflaumenschnaps.

Weine und andere Spirituosen

Weingärten findet man in allen Ländern Zentraleuropas. In der Schweiz überziehen sie die niedrigeren Alpenhänge und Seeufer besonders am Genfer See und um Neuchâtel. Die Weine sind ausgezeichnet, da die Trauben nicht nur direkt von der Sonne beschienen, sondern auch durch ihre Reflexion in den klaren Gewässern bestrahlt werden. Obwohl die Schweiz auch einige gute Rotweine wie den fruchtigen Dôle aus dem Rhônetal vorzuweisen hat, gibt es in der Mehrzahl Weißweine. Das sind entweder die trockenen, klaren Weine aus Neuchâtel, funkelnde Weine, die es mit echtem Champagner aufnehmen können, oder aber angenehme Weißweine aus der Gegend um den Genfer See und natürlich der bekannteste von allen, der Fendant, aus dem Kanton Wallis. Die Schweiz stellt auch sehr gute Schnäpse aus Kirschen her, die um den Berg Rigi wachsen. Dieser Schnaps ist eine unabdingbare Zutat für das Fondue.

Auch Österreich ist als Land großer Weine bekannt. Sie wachsen nicht nur in dem wunderschönen-romantischen Donautal, sondern auch auf den Hügeln vor Wien und an den Ufern des Neusiedlersees im Südosten. Diese Weißweine sind vollmundig, aromatisch und haben den kräftigen Fruchtgeschmack reifer Trauben. Die Österreicher, besonders die Wiener, trinken häufig sehr junge Weine, die noch nicht einmal ein Jahr alt sind. Man nennt sie »Heurige«. Sie gehen in die gemütlichen Weinkeller und Weingärten an der Donau vor den Toren Wiens. Die Winzer, die gern die Gäste zum »Heurigen« willkommen heißen, hängen Büschel von Immergrünzweigen oder Strohkränze an ihre Häuser. Von Wien aus kann der Besucher eine Straßenbahn benutzen, um zu den kleinen Weindörfern der nahegelegenen Hügel, nach Grinzing, Nußdorf oder Heiligenstadt zu gelangen. Man kann dann auch gleich ein Picknick machen, und in vielen Wiener Feinkostgeschäften werden in der Tat besondere »Heurigenkörbe« verkauft. An schönen Abenden sitzen die Leute an langen Holztischen unter den Bäumen im Garten. Fast immer spielt ein »Schrammel«-Orchester, meist ein Violin-, Zither- und Harmonikaspieler, und ein Sänger singt dazu alte, etwas sentimentale Wiener Lieder.

Ungarn ist ein Land mit märchenhaften Weinen, die bereits

im Mittelalter berühmt waren. Solch ein Wein ist der Egri Bikavér, das »Stierblut« aus der Stadt Eger, ein feuriger, starker, tiefroter Wein, dessen Geschichte mindestens bis ins 16. Jahrhundert zurückdatiert. Ein anderer ist der berühmte Tokayer, aus der Stadt gleichen Namens in Ostungarn. Der goldene, süße Tokayer ist ein Wein mit legendären Qualitäten. Die kaiserliche Familie von Österreich hatte ihren speziellen Weingarten und ihre Weinkeller in Tokay, wo ihre persönlichen Weine hergestellt und gelagert wurden. Man gab diese Weine immer den werdenden Müttern der kaiserlichen Familie, um sie zu kräftigen. Heute noch reicht man diesen Wein in den ungarischen Krankenhäusern Patienten, die körperlich schwach und erschöpft sind. Es gibt aber noch andere große Weine, die an den Ufern des Balatonsees wachsen. Auch hier werden die Trauben doppelt bestrahlt, einmal von der Sonne, dann durch ihre Reflexion im Seewasser. In einer anderen Gegend Ungarns wird ein köstlicher Schnaps aus fruchtigen Aprikosen hergestellt. Er ist so stark, daß ein geleertes Glas noch 24 Stunden später stark nach ihm duftet. Dieser Aprikosenschnaps, »Barack Palinka«, war das Lieblingsgetränk des Herzogs von Windsor.

Die Tschechoslowakei ist ein Bierland. Die Brauereien der Stadt Pilsen wurden so berühmt, daß der Name »Pils« oder »Pilsner« Eingang in viele Sprachen fand; damit wird ein leichteres Lagerbier bezeichnet.
Die Rumänen sind Weintrinker par excellence und haben Wein in Hülle und Fülle, denn das kleine Rumänien ist Europas fünftgrößter Weinproduzent. Aus seinen Weingärten stammt jede Art Wein, von kühlen, leichten Weißweinen, über schwere Rotweine, bis hin zu honigsüßen Dessertweinen. Die Rumänen stellen auch einen berühmten Pflaumenschnaps, die »Tsuica« her. Es ist ein besonders edler Schnaps, der immer als Aperitif getrunken wird. Wenn im Winter die Karpaten mit Schnee bedeckt sind, und die Wölfe selbst in die Täler her-

unterkommen, sitzen die Leute um die Öfen, essen »Sarmalutse«, kleine Kohlrollen, die mit Hackfleisch gefüllt sind, und trinken dazu »Tsuica fiarte«, glühend heißen Pflaumenschnaps mit schwarzem Pfeffer. Wer durch dieses Getränk nicht erwärmt wird, muß aus Eis sein.

Vorspeisen

Solothurner Käseschnitte

4 Portionen

8 Scheiben altbackenes
  Weißbrot
$1/4$ Tasse herber Weißwein
4 EL weiche Butter
8 dicke Scheiben weicher
  Käse
1 TL Paprikapulver
1 TL Kreuzkümmel

Man pinselt die Brotscheiben auf einer Seite mit Wein ein, bestreicht sie auf der anderen mit Butter, legt sie mit der gefetteten Seite nach oben auf ein Backblech, gibt jeweils eine Scheibe Käse darauf, betreut sie mit Paprika und Kümmel und bäckt sie etwa 10 Minuten bei 175° im Ofen, bis der Käse schmilzt.

Gefüllte kalte Eier

4 Portionen

Aspik:
- 1 Dose Hühnerbrühe (ca. 420 g)
- 1 leicht geschlagenes Eiweiß Schale von 1 Ei
- 1 Tütchen ungesüßte Gelatine
- 2 EL Wasser

Eier und Fülle:
- 8 hartgekochte Eier
- 2 feingehackte Delikateßgurken
- ½ Tasse feingehackter Schinken
- 2 TL gehackte Kapern
- ½ TL Tomatenmark
- ½ TL scharfer Senf
- 1½ EL Mayonnaise Einige Tropfen Worcestershiresoße
- ¼ TL Salz Frisch gemahlener, schwarzer Pfeffer
- 2 EL gehackter Schnittlauch

Man gibt Brühe, Eiweiß und Schale in eine Pfanne, bringt sie unter heftigem Rühren mit einem Schneebesen zum Kochen und läßt dann alles 10 Minuten ohne zu rühren köcheln. Die Brühe wird durch mehrere Lagen Tuch in eine Schüssel gegossen und die gelöste Gelatine hineingerührt. Man stellt das Aspik zum Abkühlen kalt. Die Eier werden halbiert, die Eigelb entfernt und mit den restlichen Zutaten außer dem Schnittlauch ver-

rührt. Die halben Eier füllt man nun mit dieser Mischung, klappt sie zusammen, gibt den sirupartigen Aspik löffelweise darüber und stellt sie kalt.

Wenn die erste Schicht Aspik fest ist, gibt man den nächsten Löffel darüber usw. Am Schluß bestreut man die Eier mit Schnittlauch.

Solothurner Käseschnitte   *Rezept S. 20/21*

Tiroler Eierspeise

4 Portionen

4 große, gekochte, geschälte
   Kartoffeln, in Scheiben
4 hartgekochte Eier, in
   Scheiben
4 abgetropfte, kleingehackte
   Sardellenfilets
2 EL feingehackte Petersilie
$\frac{1}{2}$ Tasse süße Sahne
$\frac{1}{4}$ TL Salz
   Frisch gemahlener, schwar-
   zer Pfeffer
$\frac{1}{2}$ Tasse Paniermehl

Man buttert eine feuerfeste
Form, legt $\frac{1}{3}$ der Kartoffel-
scheiben hinein, gibt die Hälfte
der Eier und Sardellen darüber, wiederholt den Vorgang
und schließt mit einer Lage
Kartoffeln ab. Nun streut man
1 Eßlöffel Petersilie darüber,
gießt dann eine Mischung aus
Rahm, restlicher Petersilie,
Salz und Pfeffer über die Kartoffeln und bestreut alles mit
Bröseln. Es wird alles bei 175°
30 Minuten im Ofen überbak-
ken.

Rindfleischsalat

4 Portionen

2 Tassen gekochtes
   Rindfleisch, in Würfeln
2 gekochte Kartoffeln, in
   Würfeln
2 geschälte, entkernte, gehackte Tomaten
1 gehackte, kleine Zwiebel
2 gehackte Delikateßgurken
$\frac{1}{2}$ TL milder Senf
1 EL Essig
3 EL Öl
$\frac{1}{4}$ TL Salz
   Frisch gemahlener, schwarzer Pfeffer
$\frac{1}{4}$ Tasse Mayonnaise
2 hartgekochte Eier, in
   Scheiben
1 EL gehackter Schnittlauch

Man mischt Fleisch, Kar-
toffeln, Tomaten, Zwiebel und
Gurken in einer Salatschüssel,
schlägt mit einem Rührbesen
Senf, Essig, Öl, Salz und
Pfeffer gut durch, wendet den
Salat darin, garniert ihn mit
Mayonnaise und Eischeiben
und bestreut ihn mit Schnitt-
lauch.

Gerollte Eierspeise

4 Portionen

3/4 Tasse Paniermehl
1/2 Tasse Milch
2 Tassen feingehacktes Hühner- oder Kalbfleisch
1 Tasse feingehackter Schinken
3/4 TL Salz
  Frisch gemahlener, schwarzer Pfeffer
2 geschlagene Eigelb
4 geschlagene Eier
2 EL Butter

Man weicht das Paniermehl in Milch, rührt Hühnerfleisch, Schinken, Salz, Pfeffer und Eigelb dazu, formt daraus eine wurstähnliche Rolle (Durchmesser ca. 5 cm), wickelt diese in eine gebutterte Alufolie und dämpft sie über kochendem Wasser 1 1/2 Stunden, bis sie fest ist. Die Eier verrührt man mit etwas Salz, erhitzt 2 Eßlöffel Butter in einer großen Pfanne, bäckt darin ein dünnes Omelett, wickelt es um die Hühnerfleischrolle und schneidet sie in 2,5 cm dicke Scheiben. Diese werden mit einem Spießchen heiß serviert.

Böhmische Eierspeise

6 Portionen

6 Eier
2 1/2 Tassen Wasser
1 1/2 EL Salz
  Grob gemahlener, schwarzer Pfeffer
1/2 Tasse Zwiebelschalen, in Streifen
2 TL Kümmelsamen

Man kocht die Eier 8 Minuten lang, schreckt sie unter kaltem Wasser ab und klopft die Schalen an, damit feine Risse entstehen. Die Eier werden mit 2 1/2 Tassen Wasser, Salz, Pfeffer, Zwiebelschalen und Kümmel in einem Topf 5 Minuten geköchelt, man läßt sie in dem Sud abkühlen und mindestens 8 Stunden ziehen. Sie werden abgespült, geschält, halbiert und auf Portionstellern serviert.

Kartoffelsalat

4 Portionen

500 g kleine, neue Kartoffeln
 ½ TL Salz
   Frisch gemahlener,
   schwarzer Pfeffer
 2 EL Olivenöl
 1½ EL Essig
 1 EL geriebene Zwiebel
 1 EL feingehackte Petersilie
 1 TL Kerbel
 ½ EL gehackter Schnittlauch
 2 feingehackte Delikateßgurken

Man kocht die Kartoffeln in ihren Schalen 20–30 Minuten in Salzwasser, tropft sie ab, schält sie, wenn sie noch warm sind, und schneidet sie in Scheiben in eine Schüssel. Man mischt alle restlichen Zutaten außer den Gurken mit den Kartoffeln, stellt den Salat 2–3 Stunden kalt und bestreut ihn vor dem Servieren mit den Gurken. Er schmeckt vorzüglich zu geräucherter Forelle oder zu Salzheringen.

Käsegerichte

Käsefondue ist heute wahrscheinlich im Ausland ebenso beliebt wie in der Schweiz selbst. Es soll in der Gegend von Neuchâtel während der Weinlese erfunden worden sein. Für die ganze Familie waren dies seit jeher sehr anstrengende und geschäftige Tage. Man hat kaum Zeit, eine volle Mahlzeit zuzubereiten, jeder muß aber bei der schweren Arbeit etwas Herzhaftes zu essen bekommen. Die Bäuerin kam auf die Idee, in einer großen Pfanne Käse in Wein zu schmelzen und sie mitten auf den Tisch zu stellen. Jeder im Kreise konnte Brotstücke auf eine Gabel spießen, sie in die heiße Käsemischung tauchen und so ein stärkendes und doch schnell zubereitetes Mahl genießen. Man muß aber einen gesunden Magen haben, um diese kräftige Mischung zu vertragen. Es ist auf jeden Fall ratsam, einen Kirschschnaps hinzuzufügen, damit dieses Essen leichter verdaulich wird. Ein heißer Tee paßt auch recht gut zum Fondue.

Käsekrapfen

16 Stück

1 Tütchen Trockenhefe
½ TL Zucker
3 EL lauwarme Milch
1–1¼ Tassen Mehl
¼ TL Salz
  Frisch gemahlener,
  schwarzer Pfeffer
6 EL geriebener Parmesan-
  käse
4 EL Butter
4 Scheiben knusprig gebra-
  tener, zerstoßener Schin-
  kenspeck
1 leicht geschlagenes Ei

Füllung:

6 EL weiche Butter
170 g Camembert oder Ro-
  quefort
1 EL feingehackter Schnittlauch
1 TL Paprikapulver

Man löst Hefe und Zucker unter Rühren in der lauwarmen
Milch auf und läßt sie 10 Minuten stehen. Man mischt in
einer großen Schüssel ¼ Tasse
Mehl, Salz, Pfeffer und Parmesankäse, gibt die Butter in
Flöckchen dazu, fügt Schinken,
geschlagenes Ei und Hefemischung hinzu und mischt alles
gut. Das restliche Mehl kommt
nach und nach dazu, bis sich
der Teig von der Schüssel löst.
Man gibt ihn auf ein bemehltes Brett, knetet ihn glatt, legt
ihn in eine geölte Schüssel und
läßt ihn zugedeckt an einem
warmen Platz 1 Stunde gehen.
Nun rollt man ihn so dünn wie
möglich aus, schneidet 32
Kreise (Durchmesser ca. 6 cm)
aus, legt sie auf eine gebutterte
Backform, bäckt sie 20 Minuten in einem 190° heißen Ofen
goldbraun und läßt sie auf einem Rost abkühlen. Für die
Fülle rührt man die Butter
glatt, fügt Käse, Schnittlauch
und Paprika hinzu und verrührt alles gut. Man bestreicht
damit dick die Hälfte der
Kreise, klappt die andere
Hälfte darüber und serviert
diese Krapfen zu Cocktails.

Jura-Omelette

4 Portionen

2 EL Butter
3 EL gewürfelter Schinken
1 gehackte Zwiebel
4 gekochte Kartoffeln, in Würfeln
2 geschälte, entkernte Tomaten, in Achteln
4 Eier
1 Tasse geriebener Emmentaler
$1/4$ TL Salz
    Frisch gemahlener, schwarzer Pfeffer

Man erhitzt die Butter in einem Topf, brät darin Schinken und Zwiebel golden, gibt die Kartoffeln und Tomaten dazu und köchelt sie 7 Minuten. Man verrührt die Eier, gibt den geriebenen Käse, Salz und Pfeffer dazu, läßt die Mischung in einer feuerfesten Form in einem auf 160° vorgeheizten Ofen etwa 15 Minuten stokken, legt sie auf eine Platte und umgibt sie mit dem Gemüse.

Käse-Beignet

8 Portionen

$1^3/4$ Tassen Mehl
1 Tasse Bier
$2/3$ Tasse Wasser
2 Eiweiß
8 1 cm dicke Scheiben Gruyèrekäse (je 50 g)
$1/2$ Tasse Mehl zum Wenden
    Öl zum Ausbacken

Man verrührt das Mehl mit Bier und Wasser in einer Schüssel und läßt den Teig zugedeckt 1 Stunde stehen. Die Eiweiß werden zu steifem Schnee geschlagen und unter den Teig gezogen. Man wendet jede Käsescheibe zuerst in Mehl, taucht sie dann in den Teig und bäckt sie in 190° heißem Öl goldbraun heraus. Man tropft sie auf Papiertüchern ab und serviert sie sofort.

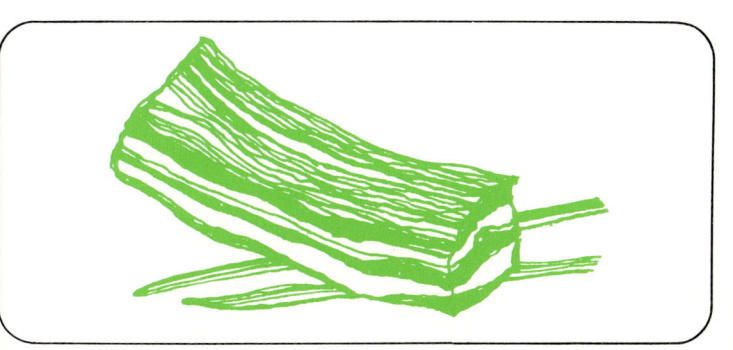

Fondue

6 Portionen

1 halbierte Knoblauchzehe
2 Tassen herber Weißwein
500 g geriebener Gruyèrekäse
500 g geriebener Emmentaler
    Frisch gemahlener,
    schwarzer Pfeffer
3 EL Stärkemehl gelöst in
3 EL Kirschschnaps
1 Französisches Weißbrot,
    in Würfeln

Man reibt einen irdenen Fonduetopf innen mit Knoblauch aus, gießt den Wein hinein und bringt ihn bei Mittelhitze zum Köcheln. Nach und nach rührt man den Käse dazu (Rührfigur eine gleichmäßige 8), läßt ihn schmelzen, bestreut ihn mit Pfeffer und rührt die gelöste Stärke dazu. Der Topf kommt dann auf ein Rechaud in die Mitte des Tischs. Man spießt Brotwürfel auf lange Gabeln und taucht sie in den geschmolzenen Käse. Dazu serviert man einen herben Weißwein.

Käsepastete Fribourg

4–6 Portionen

1 1/2 Tassen Mehl
1/2 TL Salz
6 EL Butter
4 EL Wasser
2 EL Butter
1 gehackte Zwiebel
2 Tassen geriebener Gru-
yèrekäse
4 geschlagene Eier
1/2 TL Salz
Frisch gemahlener,
schwarzer Pfeffer
1/8 TL Muskat
1 Tasse süße Sahne

Man knetet aus Mehl, Salz
und Butter eine krümelige
Masse, fügt das Wasser hinzu
und verrührt alles mit einer
Gabel, bis ein glatter Teig entsteht. Man rollt einen 0,3 cm
dicken Teigfleck aus und belegt damit eine ca. 23 cm große
Pastetenform. 2 Eßlöffel Butter erhitzt man in einer Pfanne, dünstet darin die Zwiebel
weich, nimmt die Pfanne vom
Herd, rührt den geriebenen
Käse dazu und verteilt diese
Mischung auf dem Pastetenteig. Die geschlagenen Eier
werden mit Salz, Pfeffer, Muskat und Sahne verrührt und
dann über die Käseschicht gegossen. Die Pastete kommt 30
Minuten bei 175° in den vorgeheizten Ofen und wird dann
heiß serviert.

Suppen

Die Grundsubstanz bei vielen Suppen Zentraleuropas ist eine starke Fleischbrühe mit Bohnen und eine Mehlschwitze. Große Mengen an frischem Gemüse werden selten verwendet, da es das früher nur eine begrenzte Zeit im Jahr gab. Die ungarischen Suppen sind fast immer von einem tiefen Zinnoberrot, das von dem roten Paprikapulver stammt. Die Schärfe wird oft durch einige Löffel saure Sahne wieder gemildert.

In Rumänien sind leicht säuerliche Suppen sehr beliebt. Sie verdanken ihr klares, frisches Aroma dem Sauerkraut, das eine wichtige Zutat ist. Die Suppe schmeckt nicht nur gut, sie ist auch sehr gesund, weil sie große Mengen an Vitamin C enthält. Sie schmeckt besonders gut am Morgen nach einer durchzechten Nacht und verscheucht die Müdigkeit.

Paprikasuppe

Paprikás leves

4 Portionen

250 g Speck, in Würfeln
1 grobgehackte Zwiebel
2 rote oder grüne entkernte
Paprika, in Streifen
1 EL Mehl
1 EL Rosenpaprika
6 Tassen Rinderbrühe oder
Wasser
$1/4$ TL Salz
4 geschälte Kartoffeln, in
Würfeln
$1/2$ Tasse saure Sahne

Man läßt den Speck in einem
Topf aus und dünstet Zwiebel
und Paprika darin bei schwacher Hitze 10 Minuten. Das
Fett gießt man bis auf 2
Eßlöffel ab und rührt bei
schwacher Hitze Mehl und Paprikapulver hinein. Unter
Rühren kommt nach und nach
die Brühe dazu. Man fügt Kartoffeln und Salz hinzu und köchelt alles 20 Minuten lang.
Die Suppe serviert man in
Portionstassen, mit einem
Löffel saurer Sahne darauf.

Gulaschsuppe

Gulyas leves

6 Portionen

4 EL Butter
2 grobgehackte Zwiebeln
750 g zartes Rindfleisch, in
Würfeln
1 EL Salz
1 EL Halbsüßpaprika
6 Tassen Rinderbrühe
750 g geschälte Kartoffeln, in
Würfeln
2 geschälte, entkernte Tomaten, in Scheiben

Man erhitzt die Butter, dünstet
darin die Zwiebeln goldbraun,
fügt Fleisch, Salz und ca. $1/4$
Tasse Brühe hinzu, reduziert
die Hitze, rührt das Paprika
ein und läßt alles 30 Minuten
köcheln. Nach und nach gibt
man die restliche Brühe dazu
und läßt die Suppe zugedeckt
1 Stunde köcheln. Man fügt
die Kartoffeln und Tomaten
hinzu und köchelt weitere 20
Minuten. (Man kann anstelle
der Kartoffeln auch ungarische
»Cispethe«-Nudeln oder andere Nudeln nehmen.)

Wiener Kraftbrühe

6 Portionen

2 EL Butter
250 g mageres Rindfleisch, in Würfeln
1/2 Tasse Blumenkohl, zerpflückt
3/4 Tasse Weißkohl, in Streifen
1 EL gehackte Sellerieblätter
1 feingehackte Zwiebel
125 g Pilze, in Scheiben
4 Tassen Rinderbrühe
1/2 TL Salz
Frisch gemahlener, schwarzer Pfeffer
1 EL feingehackte Petersilie
1/2 Tasse getoastete Krotons

Man erhitzt die Butter in einem Topf, dünstet darin bei Mittelhitze Fleisch, Blumenkohl, Kohl, Sellerieblätter, Zwiebel und Pilze 2 Minuten lang, reduziert die Hitze und läßt alles zugedeckt 8 Minuten köcheln. Nun fügt man die Brühe hinzu, läßt sie aufkochen, entfernt den Schaum, würzt mit Salz und Pfeffer und läßt dann zugedeckt wieder 10 Minuten köcheln. Die Suppe wird in Portionsschalen mit Petersilie und Krotons bestreut serviert.

Kartoffelsuppe

Bramborova polevka

8 Portionen

4 große, geschälte Kartoffeln, in Würfeln
8 Tassen Wasser
1 1/2 TL Salz
Frisch gemahlener, schwarzer Pfeffer
1 1/2 EL Butter
1 grobgeriebene Karotte
1 EL Mehl
1 EL gehackte Petersilie
1/2 Tasse Milch
1 Eigelb

Man kocht die Kartoffeln in dem Salzwasser 20 Minuten weich, gießt sie ab, hebt die Flüssigkeit auf und zerdrückt die Kartoffeln. Die Butter erhitzt man in einem Topf, dünstet darin die Karotte 2 Minuten, reduziert die Hitze und köchelt sie noch 15 Minuten. Man rührt nun das Mehl hinzu, dünstet es 1 Minute, gibt die Milch und Petersilie dazu, läßt alles aufkochen und dann 2 Minuten köcheln. Nun fügt man die Kartoffeln hinzu und soviel Kartoffelwasser, daß die Suppe kremig wird. Das Eigelb wird mit einigen Löffeln Suppe verrührt und unter Rühren in die Suppe gegossen.

Wiener Fleischsuppe mit Grießnockerln

4 Portionen

Klößchen:

2 EL Butter
1 Ei
1/4 TL Salz
1/8 TL Muskat
6 EL grober Grieß
1 TL kaltes Wasser

Suppe:

4 Tassen Rinderbrühe
1/2 Paket gefrorene Erbsen
1 Tasse junge Pilze, in Scheiben
1 EL gehackter Schnittlauch

Man rührt die Butter in einer Schüssel kremig, verrührt sie mit Ei, Salz, Muskat, Grieß und Wasser und läßt sie zugedeckt 2 Stunden stehen. Man bringt die Brühe zum Kochen, reduziert die Hitze, sticht von dem Grießteig mit einem Teelöffel Klößchen ab und läßt sie in der Brühe köcheln. Nach 10 Minuten fügt man die Erbsen hinzu, läßt alles weitere 10 Minuten köcheln und garniert zum Schluß mit Schnittlauch.

Fischsuppe

Hálaszlé

4–6 Portionen

1000 g ganzer Karpfen, Barsch
    oder anderer Süßwas-
    serfisch
  6 Tassen Wasser
  1 TL Salz
  2 Zwiebeln, in Ringen
  1 EL Rosenpaprika
  1 grüne, entkernte Paprika,
    in Streifen
  4 mittelgroße, geschälte,
    entkernte Tomaten, in
    Achteln
    Frisch gemahlener,
    schwarzer Pfeffer

Man säubert und entgrätet den
Fisch und schneidet ihn in
mundgerechte Stücke. Die
Fischrückstände werden mit
Wasser, Salz, Zwiebeln und
Paprikapulver zugedeckt 20
Minuten geköchelt. Man gießt
die Brühe durch ein Sieb in
einen anderen Topf, fügt
Fischstücke, grüne Paprika
und Tomaten hinzu, köchelt
sie 20 Minuten (nicht umrühren, der Topf wird von Zeit zu
Zeit geschwenkt, damit sich
der Fisch nicht ansetzt) und
schmeckt mit schwarzem
Pfeffer ab. Die Suppe kann
mit roten oder grünen Papri-
karingen garniert werden. Man
kann sie auch aus 750 g
Fischfilet, 3 Tassen Muschelbrühe mit 3 Tassen Wasser
(wenn keine Fischrückstände

Brotsuppe mit Eiern

4 Portionen

1 1/2 Tassen getrocknete Brot-
    krumen
  4 Tassen Kalbfleischbrühe
  1/2 TL Salz
    Frisch gemahlener,
    schwarzer Pfeffer
250 g Lyonerwurst, kleinge-
    hackt
  1 leicht geschlagenes Eigelb
  2 hartgekochte, gehackte
    Eier
  1 EL feingehackte Petersilie

Man läßt die Brotkrumen mit
der Brühe, Salz und Pfeffer in
einem Topf 20 Minuten stehen, bringt sie zum Kochen,
reduziert die Hitze und köchelt sie 20 Minuten. Inzwischen bräunt man die Wurst
im eigenen Fett hübsch braun
und tropft sie auf Papiertüchern ab. Man passiert die
Brotsuppe durch ein Sieb, verrührt das Eigelb mit 3
Eßlöffeln Suppe, gießt sie
dann zur Suppe, fügt die
Wurst und die hartgekochten
Eier hinzu, erwärmt alles kurz
unter Umrühren und garniert
mit Petersilie.

---

vorhanden sind) zubereiten.

Paradiessuppe

4 Portionen

1000 g Tomaten, in Achteln
4 Tassen Rinderbrühe
6 EL Butter
1 gehackte Zwiebel
2 EL Mehl
2 Karotten, in Scheiben
1/4 Tasse gehackte Sellerie
2 Gewürznelken
1 Lorbeerblatt
Saft und Schale von 1/2 Zitrone
1 EL Zucker
1 1/2 TL Salz
3/4 Tasse gekochter Reis

Die Tomaten werden 15 Minuten in der Brühe gekocht. Man erhitzt die Butter, dünstet darin die Zwiebel hellbraun, rührt nach und nach das Mehl ein und fügt Karotten und Sellerie hinzu. Unter Rühren gibt man die Tomatenbrühe, Nelken, Lorbeer, Zitronensaft und -schale, Zucker und Salz dazu, köchelt alles 30 Minuten, gießt die Suppe durch ein Sieb und fügt den gekochten Reis hinzu. Man wärmt die Suppe noch einmal kurz auf.

Hühnersuppe mit Leberknödeln

6 Portionen

Suppe:
500 g Innereien vom Huhn
  6 Tassen Wasser
1¼ TL Salz
  4 EL Butter
  2 grobgeriebene Karotten
    Frisch gemahlener,
    schwarzer Pfeffer
  1 EL Mehl
  1 kleiner, grobgehackter Pastiniak

Knödel:
  2 Scheiben Weißbrot, in Wasser geweicht und ausgedrückt
250 g Hühnerleber
  1 EL gehackte Zwiebel
  2 Eier
  1 TL Salz
    Frisch gemahlener,
    schwarzer Pfeffer
½–¾ Tasse Paniermehl
  2 EL saure Sahne
  1 EL gehackte Petersilie

Man köchelt die Innereien mit dem Wasser und 1 Teelöffel Salz 1¼ Stunden, entfernt sie, hackt sie fein und reserviert die Flüssigkeit. Man erhitzt die Butter, dünstet darin Karotten und Pastiniak mit Salz und Pfeffer in 10–15 Minuten weich, rührt das Mehl dazu, gibt nach und nach die reservierte Brühe unter Rühren hinzu und läßt alles 2–3 Minuten köcheln. Für die Knödel mischt man Brot, Leber und Zwiebel, hackt alles noch einmal fein durch, fügt Eier, Salz, Pfeffer und genügend Paniermehl hinzu, damit der Teig fest wird, formt 2,5 cm große Knödel daraus und köchelt sie in der Suppe in 10 Minuten gar. Die gehackten Innereien kommen nun hinzu, die Suppe wird vom Herd genommen, die saure Sahne untergerührt und mit Petersilie garniert.

Kümmelsuppe

Kminova polevka

6 Portionen

  2 EL Butter
1½ EL Mehl
  1 EL Kümmel, leicht zerstoßen
  6 Tassen kochendes Wasser oder Hühnerbrühe
  1 TL Salz
    Frisch gemahlener,
    schwarzer Pfeffer
250 g al dente gekochte Makkaroni

Man erhitzt die Butter, bräunt darin das Mehl leicht an, fügt den Kümmel hinzu, gibt unter Rühren nach und nach das Wasser hinein und läßt dann alles 40 Minuten köcheln. Man gießt die Suppe durch ein Sieb, würzt mit Salz und Pfeffer, fügt die Makkaroni hinzu und serviert die Suppe heiß.

Sauerkrautsuppe

Kaposztaleves

6 Portionen

500 g Sauerkraut
2 Zwiebeln, in Ringen
1 Tasse herber Weißwein
4 Tassen Rinderbrühe
250 g mageres Rinderhack
1/2 TL Zucker
   Frisch gemahlener,
   schwarzer Pfeffer
2 EL gehackte Petersilie
6 EL Joghurt

Man läßt Sauerkraut, Zwiebeln, Wein und Brühe in einem Topf 45 Minuten köcheln, formt das Hackfleisch zu kleinen Bällchen, gibt sie zur Suppe, kocht sie 10 Minuten darin. Man würzt mit Zucker, Pfeffer und Petersilie. Die Suppe füllt man in Portionstassen und garniert mit einem Eßlöffel Joghurt.

Lammsuppe

Bárány leves

6 Portionen

1 EL Öl
3 gehackte Zwiebeln
1 EL Rosenpaprika
1000 g Lammschulter, in Würfeln
1 TL Kümmel
1 Lorbeerblatt
1 TL Salz
6 Tassen Rinderbrühe
125 g gekochte, grüne Bohnen
4 gekochte Kartoffeln, in Würfeln
1 Tasse saure Sahne
2 EL Mehl

Man erhitzt das Öl, dünstet darin die Zwiebeln goldbraun, fügt das Fleisch, Paprikapulver, Kümmel, Lorbeer, Salz und soviel Wasser hinzu, daß alles knapp bedeckt ist und läßt es zugedeckt 1½ Stunden köcheln. Nun kommen 6 Tassen Brühe, die grünen Bohnen und Kartoffeln hinein. Der Sauerrahm wird mit dem Mehl verrührt und unter Rühren dazugegeben. Kurz vor dem Kochen nimmt man die Suppe vom Herd.

Gurkensuppe

4 Portionen

2 EL Butter
1 feingehackte Zwiebel
½ EL feingehackte Petersilie
1 geschälte, entkernte, gehackte Gurke
2 EL Mehl
¾ Tasse saure Sahne
5 Tassen Hühnerbrühe
½ TL Salz
Frisch gemahlener, schwarzer Pfeffer

Man erhitzt die Butter, dünstet darin die Zwiebel, Petersilie und Gurke bei schwacher Hitze, bis die Zwiebel glasig ist. Nun rührt man das Mehl dazu, dünstet es 1 Minute unter Rühren, gibt nach und nach Brühe und Sahne unter ständigem Rühren dazu, bringt alles zum Köcheln, würzt mit Salz und Pfeffer und serviert die Suppe sofort.

Kohlsuppe

6 Portionen

4 EL Butter
1 kleiner Weißkohl, in Streifen
1 gehackte Zwiebel
6 Tassen Rinderbrühe
$1/4$ Tasse Reis
1 TL Salz
  Frisch gemahlener, schwarzer Pfeffer
$1/8$ TL Muskat
$3/4$ Tasse geriebener Käse

Man erhitzt die Butter, dünstet darin Kohl und Zwiebeln 5 Minuten, bis der Kohl ganz mit Butter umhüllt ist, fügt die Brühe hinzu und köchelt alles 15 Minuten. Man gibt den Reis dazu, würzt mit Salz, Pfeffer und Muskat und kocht 20 Minuten weiter, bis der Reis gar ist. 2 Eßlöffel Käse kommen in jede Suppentasse, die heiße Suppe wird darübergegossen.

Pilzsuppe

Houbova polevka

6 Portionen

1 kleine, feingehackte Zwiebel
1 geputzte, feingehackte Karotte
6 Tassen Kalbfleischbrühe
$2 1/2$ EL Butter
250 g frische, grobgehackte Pilze
1 EL feingehackte Petersilie
1 EL Mehl
$1/2$ TL Salz
  Frisch gemahlener, schwarzer Pfeffer

Man köchelt Zwiebel, Karotte und Brühe 1 Stunde. In einem anderen Topf erhitzt man die Butter, dünstet darin die Pilze bei schwacher Hitze 6 Minuten, fügt die Petersilie dazu und kocht alles zugedeckt 5 Minuten, dann streut man Mehl darüber und kocht unter Rühren 2 Minuten weiter. Nach und nach rührt man die Brühe dazu, würzt mit Salz und Pfeffer und läßt alles noch 10 Minuten köcheln.

Erbsensuppe mit Schweinefleisch

4–6 Portionen

375 g gelbe Spalterbsen
750 g Schweinebug
   6 Tassen Wasser
   1 kleine, gehackte Zwiebel
     Frisch gemahlener,
     schwarzer Pfeffer
 1/4 TL getrockneter Majoran
   5 geschälte Kartoffeln, in
     Würfeln

Man weicht die Erbsen über Nacht in Wasser. Das Schweinefleisch setzt man mit 6 Tassen Wasser zum Kochen auf, entfernt den Schaum, gibt Zwiebel, Majoran und Pfeffer dazu und köchelt es sanft 45 Minuten. Man siebt die Erbsen ab, fügt sie zum Fleisch und kocht alles noch 30 Minuten. Dann kommen die Kartoffeln dazu und werden 20 Minuten geköchelt. Man zerlegt das Fleisch in kleine Stücke, gibt sie zurück zur Suppe und erwärmt sie kurz.

Lebersuppe mit Rahm

4 Portionen

   1 EL Butter
375 g Kalbsleber, in Würfeln
   1 feingehackte Zwiebel
   1 EL Mehl
   4 Tassen Rinderbrühe
   1 TL Salz
     Frisch gemahlener,
     schwarzer Pfeffer
   1 Lorbeerblatt
   4 EL saure Sahne

Man erhitzt die Butter, dünstet darin Leber und Zwiebel 5 Minuten und dann das Mehl unter Rühren 1 Minute. Nach und nach gibt man die Brühe dazu, würzt mit Salz, Pfeffer und Lorbeer, bringt sie zum Aufkochen und köchelt sie dann 30 Minuten. Man entfernt Lorbeer und Leber, hackt die Leber fein und tut sie zurück in die Suppe. Man garniert jede Suppenportion mit 1 Eßlöffel saure Sahne.

Knödel

Die österreichische Küche wäre viel ärmer, gäbe es nicht die Knödel, kleine Bällchen aus Mehl, Kartoffeln, Brot, mit Fleisch gemischt oder mit Obst gefüllt. Diese Knödel oder Nockerln fehlen fast bei keiner österreichischen Mahlzeit. Besonderes Vergnügen bereitet eine Suppe mit einem guten Leberknödel, der vorsichtig in der Brühe mit dem Löffel zerlegt werden muß. Wenn im Juli an der Donau die Aprikosen reifen, hat eine andere Knödelart Hochsaison. Es ist die Zeit, in der man überall heiße Marillenknödel bekommt, Knödel, die mit saftigen Aprikosen gefüllt sind, die ihrerseits anstelle des Kerns mit Zuckerstücken versehen wurden, die man mit Marillenbrand, einem köstlichen Aprikosenschnaps, tränkte. Während des Aprikosenfestes, das jedes Jahr in der Wachau gefeiert wird, werden Tausende dieser Knödel mit großen Mengen köstlichen Weißweins aus dieser Gegend hinuntergespült.

Nudelteig

2 Tassen Mehl
1 TL Salz
2 Eier
1/4 Tasse Wasser

Mehl und Salz kommen auf ein Nudelbrett. Man schlägt die Eier schaumig und gibt nach und nach das Wasser dazu. In das Mehl drückt man eine Mulde, gießt erst die Hälfte der Eiflüssigkeit hinein, arbeitet alles mit den Fingerspitzen durch und gibt nach und nach die restliche Flüssigkeit dazu. Man knetet den Teig mehrere Minuten lang, rollt ihn so dünn wie möglich aus, läßt ihn leicht trocknen, schlägt ihn zu einer Rolle ein, schneidet sie in ganz feine Streifen und läßt diese Nudeln vor dem Kochen 30 Minuten trocknen.

Semmelknödel

6 Portionen

2 EL Butter
2 TL gehackte Petersilie
1 Tasse frische Brotkrumen
1 EL Milch
2 Eier, Eiweiß und Eigelb getrennt
1/2 TL Salz
  Eine Prise weißer Pfeffer
1/8 TL Majoranpulver
4 EL Mehl
2 Tassen Hühnerbrühe oder gesalzenes Wasser

Man erhitzt die Butter und dünstet darin die Petersilie 2 Minuten. Die Brotkrumen gibt man in eine Schüssel, träufelt die Milch darüber und rührt die geschlagenen Eigelb, Salz, Pfeffer, Majoran und die gedünstete Petersilie dazu. Man schlägt die Eiweiß steif, zieht sie unter die Mischung, sticht mit einem Löffel Knödel von der Masse und wendet sie leicht in Mehl. Sie werden in köchelnder Hühnerbrühe oder Salzwasser 20 Minuten pochiert.

Kartoffelknödel

3 große, gekochte, geschälte,
zerdrückte Kartoffeln
1 1/2 Tassen gekochter Reis
1 1/2 EL zerlassene Butter
3 gehäufte EL gekochter
Schinken, in Würfeln
2 TL feingehackte Petersilie
2 geschlagene Eigelb
1/2 TL Salz
Frisch gemahlener,
schwarzer Pfeffer
Öl zum Ausbacken

Alle Zutaten außer dem Öl
werden in einer Schüssel gut
vermengt. Man formt mit
leicht bemehlten Händen aus
dieser Masse kleine Bällchen,
erhitzt das Öl und brät immer
nur wenige Bällchen auf einmal darin goldbraun.

Leberknödel

6–8 Portionen

3 EL Butter
1 große, feingehackte
Zwiebel
2 EL gehackte Petersilie
1000 g durchgemahlene Kalbsleber
1 1/2 TL Salz
Frisch gemahlener,
schwarzer Pfeffer
1/8 TL Majoran
1 1/2 Tassen Wasser
2 1/2 Tassen Paniermehl
3 geschlagene Eier

Man erhitzt die Butter und
dünstet darin die Zwiebel 2
Minuten, fügt Leber, Salz,
Pfeffer und Majoran hinzu und
dünstet sie unter gelegentlichem Umrühren 5 Minuten
lang. Das Wasser wird erhitzt
und das Paniermehl darin 3
Minuten geköchelt. Die Le-
bermasse wird mit dem Pa-
niermehl gemischt und dann
gut mit den Eiern verrührt.
Man formt walnußgroße Knödel daraus, läßt sie 20–25 Minuten in Salzwasser sanft garen
und serviert sie mit Hühner-
suppe. Man kann die Knödel
auch direkt in der Brühe kochen, die man anschließend
serviert.

Schinkenfleckerl

4 Portionen

1 Portion Nudelteig (Rezept
  S. 44)
4 EL Butter
½ Tasse süße Sahne
3 Eier, Eigelb und Eiweiß getrennt
1 Tasse feingehackter, gekochter Schinken
¼ TL Salz
  Frisch gemahlener, schwarzer Pfeffer
1 EL Butter
¼ Tasse Paniermehl

Man rollt den Nudelteig 0,5 cm
dick aus, schneidet ihn in 5 cm
große Quadrate, kocht sie in
reichlich Salzwasser 10–15
Minuten al dente und schreckt
sie unter kaltem Wasser ab.
Nun erhitzt man die Butter
und schwenkt die Nudeln darin, bis sie zart bräunen. Man
rührt die Sahne schaumig,
schlägt die getrennten Eier gesondert und gibt sie dazu. Nudeln und Schinken fügt man
hinzu, würzt mit Salz und
Pfeffer und hebt alles gut
durch. Eine gebutterte Form
wird mit Paniermehl bestreut,
darauf kommt die Nudelmasse
und wird 50 Minuten im Ofen
bei 160° gebacken. Man serviert sie in der Form.

Nudelschöberl

4 Portionen

1 Portion Nudelteig (Rezept
  S. 44)
4 Tassen Milch
3 Eier, Eiweiß und Eigelb getrennt
3 EL weiche Butter
½ TL Salz
  Frisch gemahlener, schwarzer Pfeffer

Der Teig wird 0,5 cm dick ausgerollt und in 2,5 cm große
Quadrate geschnitten. Man
bringt die Milch zum Kochen,
gibt die Nudeln hinein, kocht
sie in 10–15 Minuten gar,
nimmt den Topf vom Herd
und läßt die Nudeln in der
Milch abkühlen (ab und zu
umrühren!). Man rührt die
Eigelb mit der Butter kremig,
gibt die abgetropften Nudeln
zu dieser Mischung, würzt sie
mit Salz und Pfeffer, rührt erst
⅓ des steifen Eischnees, dann
den Rest darunter, gibt alles
löffelweise in eine gebutterte
Form und bäckt es 45 Minuten bei 160° im Ofen. Man
schneidet die Schöberl in
Stücke und serviert sie zu
Suppe oder gegrilltem Fisch.

Fischgerichte

Zentraleuropa liegt vom Meer weit entfernt, aber seine großen Flüsse und herrlichen Seen beherbergen viele köstliche Fische. In den Bergflüssen der Schweiz, Österreichs und auch der Tschechoslowakei gibt es alle Arten der Forelle. Sie schmecken am besten, wenn man sie einfach mit etwas Essig und frischen Kräutern kocht und mit viel zerlassener Butter ißt. Riesige Barsche schwimmen in den Seen der Schweiz, Österreichs und Ungarns, und obwohl sie alle zur gleichen Familie gehören, hat jeder See seine besondere Art, z. B. der »Omble Chevalier« aus dem Genfer See oder der »Fogas« aus dem ungarischen Balatonsee. An den sonnigen Uferhängen der Seen wachsen aromatische Weißweine, und sie sind das ideale Getränk zu diesen Fischen. Der König der Süßwasserfische, der Karpfen, schwimmt jedoch in der Donau und seinen Nebenflüssen. In Österreich ist traditionelles Weihnachtsessen kalter Karpfen in leicht säuerlichem Aspik. Der ungarische Karpfen wird ganz perfekt in den kleinen Fischerdörfern an der Donau zubereitet, der allerbeste aber von Tante Julischka in Kálosca. Man kann zusehen, wie Tante Julischka, in einem langen weiten Gewand und mit einem Bordürenkopftuch diesen Karpfen zubereitet, der noch kurz zuvor im Fluß schwamm.

Karpfensuppe und Karpfeneintopf sind feuerrot von Paprika und so scharf, daß man nach dem ersten Bissen nach Luft schnappen muß. Beim dritten Bissen hat man sich schon daran gewöhnt, besonders wenn eine Karaffe mit Weißwein zur Hand ist, mit dem man die Flammen löschen kann.

Schollenschnitzel

4 Portionen

4 Flunderfilets
1/2 TL Salz
  Frisch gemahlener, schwarzer Pfeffer
4 EL Butter
1 EL gehackte Schalotten
1 EL gehackte Petersilie
1 EL Mehl
1 gewässertes, getrocknetes und feingehacktes Sardellenfilet
1/4 Tasse Muschelbrühe
1/4 Tasse Wasser
  Saft von 1/2 Zitrone

Der Fisch wird gewaschen und mit Salz und Pfeffer gewürzt. Man erhitzt die Butter in einer Pfanne, dünstet darin die Schalotten auf sanfter Hitze 2 Minuten, fügt die Petersilie hinzu und dünstet sie 1 Minute. Nun erhöht man die Temperatur, brät den Fisch in 4–5 Minuten beidseitig golden und legt ihn auf eine Wärmeplatte. Man rührt das Mehl in die Pfanne, fügt Sardelle, Muschelsaft, Wasser und Zitronensaft hinzu, rührt um, läßt die Soße eindicken und gießt sie über den Fisch.

Fisch in der Folie

Peste al bastru

4 Portionen

4 ganze Rote Barben
1 TL Salz
  Frisch gemahlener, schwarzer Pfeffer
3–4 EL Öl
8 dünne Scheiben Zitrone
2 EL gehackter Schnittlauch
1 EL gehackte Petersilie
2 EL Butter

Man putzt den Fisch, läßt ihn aber ganz, trocknet ihn mit einem Tuch und kerbt ihn an den Rändern ein. Man würzt ihn mit Salz und Pfeffer, pinselt ihn mit Öl ein, besetzt ihn mit Butterflocken und belegt ihn mit Zitronenscheiben. So vorbereitet wird er in geölte Alufolie gewickelt, die gut verschlossen wird. Nun kommt der Fisch auf den Rost eines vorgeheizten Ofens und wird 35 Minuten bei 175° gebakken. Man serviert ihn in der Folie oder auf Tellern.

Hecht oder Barsch nach Keszthely Art

Hal keszthely

4 Portionen

4 ganze Fische, Hechte oder
  Barsche (je ca. 375 g)
1 TL Salz
1 EL Rosenpaprika
4 EL Butter
4 große, gekochte Kartoffeln,
  in Scheiben
1 Tasse Schlagsahne
2 EL gehackte Petersilie

Man kerbt die Haut der Fische
ein, reibt Salz und Paprikapulver ein, legt sie in eine gebutterte Backform, gibt die restliche Butter darüber und bäckt
sie im vorgeheizten Ofen in 8
Minuten bei 190° halb gar.
Dann legt man die Kartoffel-
scheiben um die Fische, bäckt
alles noch 8 Minuten, gießt die
Schlagsahne darüber und läßt
sie kurz erhitzen. Man legt die
Kartoffeln auf eine Platte, legt
die Fische obenauf, gießt den
Pfannensud darüber und garniert alles mit Petersilie.

Kalte Forellenfilets

4 Portionen

2 Tassen Fischbrühe oder
  Salzwasser
4 kleine, geputzte Forellen
1 hartgekochtes Ei, in Scheiben
1/2 Tasse gekochte, feingehackte grüne Bohnen
1 schwarze, feingehackte
  Trüffel, nach Wunsch
  Aspik (Rezept S. 21)
1/2 Tasse Mayonnaise

Man bringt Brühe oder Wasser
in einer flachen Pfanne zum
Köcheln, legt die Forellen ein,
reduziert die Hitze und läßt sie
4 Minuten lang zugedeckt
darin köcheln. Man hebt sie
vorsichtig heraus, läßt sie abkühlen, löst die Filets ab, arrangiert sie auf einer flachen
Platte, belegt sie mit Eischeiben, grünen Bohnen und
Trüffeln und löffelt den sirupartigen vorbereiteten Aspik
darauf. Vor jeder neuen Lage
Aspik wird der Fisch kaltge-
stellt. Man garniert alles mit
Mayonnaise.

Böhmische Heringe

4 Portionen

8 Salzheringe
1½ Tassen Wasser
½ Tasse Weinessig
2 Lorbeerblätter
6 zerdrückte Pfefferkörner
2 EL gehackte Petersilie
1 gehackte Selleriestange
2 Karotten, in Scheiben
2 Zwiebeln, in Ringen
1 Tasse süße Sahne
Geriebene Schale von 1
Zitrone
2 TL Kapern

Die Heringe legt man 3 Stunden in Wasser, bringt es dann mit dem Weinessig zum Kochen, gibt Lorbeer, Pfefferkörner, Petersilie, Sellerie und Karotten dazu und köchelt alles 20 Minuten. Die Heringe werden abgetropft, auf eine Platte gelegt, mit Zwiebelringen dekoriert und mit dem mit Sahne vermischten Fischsud übergossen. Man streut Kapern und Zitronenschale obenauf und stellt die Heringe zugedeckt 6 Tage in den Eisschrank.

Gebackener Karpfen

4 Portionen

4 Filets vom Karpfen oder
  anderen Süßwasserfisch
1 TL Salz
  Frisch gemahlener, schwarzer Pfeffer
1 EL Mehl
1 Ei
1 EL Wasser
½ Tasse feines Paniermehl
6 EL Butter
1 Zitrone, in Scheiben
1 EL gehackte Petersilie

Man würzt die Filets mit Salz und Pfeffer, bestäubt sie mit Mehl, verquirlt Ei und Wasser, taucht die Filets in diese Mischung und wendet sie im Paniermehl. Die Filets werden in der erhitzten Butter je Seite 5 Minuten lang goldbraun gebacken. Man garniert sie mit Zitronenscheiben und Petersilie und serviert Knödel und Salat dazu.

Fisch mit Spargel

4 Portionen

1500 g fester ganzer
    Weißfisch, z. B.
    Schellfisch
    Wasser
  1 TL Salz
    Frisch gemahlener,
    schwarzer Pfeffer
  1 kleine, grobgehackte
    Zwiebel
    Einige Petersilienzweig-
    lein
  3 EL Butter
  2 EL Mehl
  $^{1}/_{2}$ Tasse Milch
10–12 gekochte Spargel-
    stangen, in 25 cm-Stük-
    ken
  1 geschlagenes Eigelb
  3 EL geriebener Parme-
    sankäse
  2 EL Brotkrumen

Man legt den Fisch in eine Bratpfanne, bedeckt ihn mit Wasser, fügt Salz, Pfeffer, Zwiebel und Peterşilie hinzu, läßt alles aufkochen und dann 10–12 Minuten lang köcheln. Man tropft den Fisch vorsichtig ab und legt ihn in eine flache gebutterte Bratform. Der Sud wird durch ein Sieb gegossen und bei großer Hitze auf 1 Tasse eingekocht. Man erhitzt 2 Eßlöffel Butter in einer anderen Pfanne, dünstet das Mehl unter Rühren 1 Minute darin, gibt den eingekochten Sud und die Milch nach und nach unter Rühren dazu, läßt die Soße eindicken, legt den Spargel hinein, schmeckt ab und nimmt die Pfanne vom Herd. Nun rührt man Eigelb und Käse hinein, gießt diese Soße über den Fisch, bestreut ihn mit Brotkrumen, setzt die restliche Butter in Flöckchen auf und überbäckt ihn bei 175° 8–10 Minuten im Ofen.

Karpfen in Rotwein

4 Portionen

1 frischer Karpfen (2–3
    Pfund)
2 Tassen herber Rotwein
1 Lorbeerblatt
8 Pfefferkörner
1/2 TL Thymian
2 Petersilienzweiglein
1/2 TL Salz
    Frisch gemahlener, schwar-
    zer Pfeffer
1/2 Tasse junge Pilze
2 EL Butter
2 TL Mehl

Man putzt und entschuppt den
Fisch, schneidet ihn kreuzförmig bis zu den Gräten ein und
läßt ihn in einem großen Topf
mit Wein, Lorbeer, Pfefferkörnern, Thymian, Petersilie,
Salz, Pfeffer und Pilzen zugedeckt 12 Minuten köcheln.
Man legt ihn dann vorsichtig
auf eine Wärmeplatte. Die
Butter erhitzt man in einer
Pfanne, bräunt darin unter
Rühren nach und nach den
durchgesiebten Fischsud dazu.
Mit einem Schneebesen rührt
man so lange, bis die Soße
glatt ist. Dann gießt man sie
über den Fisch.

Karpfeneintopf

Pontypörkölt

4–6 Portionen

1 Karpfen (4–6 Pfund)
1 TL Salz
2 Tassen Wasser
2 EL Rosenpaprika
3 EL Butter
4 Zwiebeln, in dünnen Ringen
2 grüne, entkernte Paprika, in
    dünnen Ringen
4 geschälte, entkernte Toma-
    ten, in Scheiben

Man läßt den Fisch im Ge-
schäft putzen, in große Stücke
schneiden und sich Kopf,
Schwanz und Gräten mitge-
ben. Die Fischstücke werden
mit 1/2 Teelöffel Salz bestreut
und stehengelassen. Man läßt
das Wasser mit dem restlichen
Salz, dem Paprikapulver und
den Fischrückständen aufkochen und dann 20–30 Minuten
köcheln. Inzwischen erhitzt
man die Butter und dünstet
die Zwiebeln darin goldbraun.
Die Fischstücke legt man in
eine gebutterte Kasserolle, gibt
Zwiebeln, Paprikaringe und
Tomaten darauf und gießt die
Brühe durch ein Sieb darüber.
Man läßt den Fisch zugedeckt
15–20 Minuten darin köcheln
und serviert ihn mit Kartoffeln
oder Nudeln.

Karpfensuppe

Pontyleves

4–6 Portionen

1500 g Filets vom Karpfen
      oder anderen Süßwas-
      serfisch
   6 Tassen Wasser
   3 Zwiebeln, in Ringen
   1 EL Rosenpaprika
   1 TL Salz
     Frisch gemahlener,
     schwarzer Pfeffer

Man schneidet den Fisch in dicke Scheiben. Die Fischrück-stände (Gräten, Köpfe, etc.) setzt man mit Wasser, Zwiebeln, Paprika, Salz und Pfeffer zugedeckt 1 Stunde zum Köcheln auf und gießt dann den Sud durch ein Sieb in einen anderen Topf. Man gibt den Fisch in diesen Sud, köchelt ihn 25 Minuten darin und serviert die Suppe sofort oder gekühlt.

Paprikakarpfen

4 Portionen

3 EL Butter
2 feingehackte Zwiebeln
1 zerdrückte Knoblauchzehe
2 TL Paprikapulver
1 grüne, entkernte, gehackte
  Paprika
1 Karpfen, in Stücken (2–3
  Pfund)
$\frac{1}{2}$ TL Salz
  Frisch gemahlener, schwarzer Pfeffer
1 EL gehackte Petersilie
$\frac{1}{2}$ Tasse herber Weißwein
2 EL Tomatenmark

Man erhitzt die Butter in einer
Kasserolle, dünstet darin
Zwiebeln und Knoblauch golden, dünstet dann Paprika und
Paprikapulver 5 Minuten, gibt
den Fisch dazu, würzt mit Salz,
Pfeffer und Petersilie, gibt den
Wein dazu und rührt das Tomatenmark ein. Man läßt alles
15 Minuten sanft köcheln, bis
der Fisch gar ist. Wenn nötig,
gießt man während des Ko-
chens etwas Wasser nach.

Lachs nach Basler Art

4 Portionen

1000 g Lachs, in 2,5 cm dicken
    Scheiben
  1/2 TL Salz
    Frisch gemahlener,
    schwarzer Pfeffer
    Saft von 1 Zitrone
  1/4 Tasse Mehl
  2 EL Butter
  2 EL Öl
  2 Zwiebeln, in dünnen
    Ringen
  1/4 Tasse herber Weißwein
  1 EL feingehackte Peter-
    silie
  1 Zitrone, in dünnen
    Scheiben

Man würzt die Lachsscheiben
beidseitig mit Salz, Pfeffer und
Zitrone, wendet sie in Mehl
und schüttet das überschüssige
Mehl ab. Die Butter erhitzt
man in einer Pfanne, dünstet
die Zwiebeln bei Mittelhitze
darin golden, nimmt sie mit
einem Schlitzlöffel heraus und
stellt sie warm. Man erhöht
die Temperatur und dünstet
den Lachs schnell ca. 2 Minuten je Seite in dieser Pfanne
(nicht zu lange braten!), legt
ihn auf eine Wärmeplatte und
gibt die Zwiebelringe darüber.
Den Fond kocht man mit
Wein auf, gießt diese Soße
über den Fisch, garniert ihn
mit Petersilie und Zitronenscheiben und serviert ihn sofort.

Tiroler Forellen

4 Portionen

  1 EL gehackte Petersilie
  1 EL gehackter Schnitt-
    lauch
  2 EL abgetropfte Kapern
  2 gehackte Delikateßgur-
    ken
  1 Tasse Mayonnaise
1000 g Forellenfilets
  1 TL Salz
    Frisch gemahlener,
    schwarzer Pfeffer
  4 EL Mehl
  4 EL Butter
  1 Zitrone, in dünnen
    Scheiben

Man verrührt die Mayonnaise
mit Petersilie, Schnittlauch,
Kapern und Gurken und stellt
sie 2 Stunden in den Eis-
schrank. Die Filets werden
gewaschen und getrocknet, mit
Salz und Pfeffer gewürzt und
in Mehl gewendet. In einer
großen Pfanne erhitzt man die
Butter und dünstet die Filets
beidseitig je 3 Minuten lang
goldbraun. Man legt sie auf
eine Platte, garniert sie mit Zitronenscheiben und reicht die
kalte Soße dazu.

Karpfen in schwarzer Soße

Kapr na cerno

6 Portionen

2 EL Butter
1 kleine, feingehackte Zwiebel
1/2 Tasse Sellerie, in Würfeln
1/2 Tasse Karotten, in Würfeln
1/2 Tasse Pastiniak, in Würfeln
1/2 TL Salz
8 Pfefferkörner
1 Lorbeerblatt
1 EL Thymian
2 EL Wasser
1/2 Tasse Bier
   Saft und Schale von 1 Zitrone
3 EL Weinessig
1/2 Tasse Rotwein
2 TL Zucker
1/4 Tasse gehackte Walnüsse
6 gehackte, entkernte Dörrpflaumen
1/4 Tasse Rosinen
2 EL Pflaumenmus oder Brombeergelee
6 dicke Scheiben Karpfen
2 EL gehackte, blanchierte Mandeln

Man erhitzt die Butter in einer Pfanne, dünstet Zwiebel, Sellerie, Karotten, Pastiniak bei Mittelhitze weich, fügt Salz, Pfefferkörner, Lorbeer, Thymian und Wasser hinzu und köchelt alles bei schwacher Hitze 20 Minuten lang. Man verrührt die Mischung im Mixer, drückt sie durch ein Sieb in eine Kasserolle, fügt Bier, Zitronensaft und -schale, Essig, Wein, Zucker, Walnüsse, Pflaumen, Rosinen und Mus hinzu, läßt alles aufkochen, reduziert die Hitze, legt den Karpfen hinein und köchelt ihn 12–15 Minuten oder bis er leicht mit der Gabel zerteilbar ist. Man legt ihn vorsichtig auf eine Wärmeplatte, übergießt ihn mit der Soße und bestreut ihn mit Mandeln.

Hecht in Kapernsoße

4 Portionen

4 Hechtfilets (ca. 1000 g)
1 TL Salz
  Frisch gemahlener, schwarzer Pfeffer
1 EL Zitronensaft
4 EL Mehl
6 EL Butter
1 EL milder Senf
2 EL Kapern
½ Tasse Weißwein
¼ Tasse süße Sahne
1 TL Stärkemehl gelöst in
1 EL kaltes Wasser

Man würzt den Fisch mit Salz und Pfeffer, beträufelt ihn mit Zitronensaft und wendet ihn in Mehl. Die Butter wird in einer Pfanne erhitzt, man brät den Fisch darin je Seite 4–5 Minuten lang goldbraun und legt ihn auf eine Wärmeplatte. Man erhitzt die Butter erneut in der Pfanne, rührt Senf, Kapern, Weißwein und Sahne hinein, dickt nach Wunsch mit der gelösten Stärke die Soße ein, gießt sie über den Fisch und serviert ihn mit frischem grünen Salat und Brot.

Forellen mit Paradiesäpfeln

4 Portionen

4 kleine Forellen
8 dünne Scheiben Speck
3 EL Butter
1½ EL Mehl
1 Tasse heiße Milch
¼ TL Salz
 Frisch gemahlener,
 schwarzer Pfeffer
6 geschälte, entkernte, feingehackte Tomaten
½ EL feingehackte Petersilie

Man wickelt jede geputzte Forelle in 2 Scheiben Speck, legt sie in eine geölte, flache Kasserolle und bäckt sie 15 Minuten lang in einem 175° heißen Ofen. Inzwischen erhitzt man 2 Eßlöffel Butter in einer Pfanne, dünstet darin das Mehl 1 Minute, gibt unter Rühren die Milch dazu und läßt die Soße eindicken. Man würzt mit Salz und Pfeffer, drückt die Tomaten durch ein Sieb und dünstet sie unter ständigem Rühren 2–3 Minuten. Der Speck wird entfernt, den Fisch legt man auf eine Platte, übergießt ihn mit Soße und garniert ihn mit Petersilie.

Fisch mit Pilzen

Hal gombaval

4 Portionen

4 mittelgroße, geschälte,
  halbierte Kartoffeln
750 g Filets vom Weißfisch
  $1/2$ TL Salz
    Frisch gemahlener,
    schwarzer Pfeffer
  $1/3$ Tasse Mehl
125 g feingehackte Pilze
  1 EL feingehackte Petersilie
  1 EL Mehl
  $1/4$ Tasse süße Sahne
  1 Tasse Hühnerbrühe
    Saft von $1/2$ Zitrone

Die Kartoffeln werden mit
Salzwasser bedeckt 10–12 Minuten gekocht, abgegossen und
beiseite gestellt. Man würzt die
Filets mit Salz und Pfeffer,
wendet sie in Mehl, legt sie
umgeben von den Kartoffeln
in eine gebutterte Form, streut
Pilze und Petersilie darüber
und übergießt alles mit einer
Soße aus Mehl, Sahne, Brühe
und Zitronensaft, die mit einem Rührbesen verquirlt wurden. Man bäckt den Fisch 8
Minuten bei 175°, weitere 25
Minuten bei 150° im Ofen und
serviert ihn in der Form.

Fischfilets nach Wiener Art

4 Portionen

4 Fischfilets (ca. 1000 g)
  $1/4$ TL Salz
    Saft von 1 Zitrone
  $1/2$ Tasse saure Sahne
  3 Scheiben gekochter Schin-
    ken, in Würfeln
  4 gehackte Delikateßgurken
  1 EL gehackte Kapern
  1 EL milder Senf
  4 EL geriebener Parmesan-
    käse
  1 EL Butter

Man würzt die Filets mit Salz
und Zitrone, legt 1 Filet in
eine gebutterte Kasserolle, gibt
die Hälfte der Sahne, des
Schinkens, der Gurken und
der Kapern darüber, bepinselt
ein anderes Filet mit der
Hälfte des Senfs, legt es auf
das erste, wiederholt diese
beiden Vorgänge mit den restlichen Filets, gibt zum Abschluß Käse und Butterflocken
darüber und bäckt alles 25–30
Minuten bei 175° im Ofen.
Man legt die Filets auf eine
Platte und schneidet sie in
Scheiben.

Gefüllter Hecht

4 Portionen

1 Hecht oder Barsch (5
   Pfund)
3 Tassen Wasser
$\frac{1}{2}$ TL Salz
1 EL Essig
4 zerdrückte Pfefferkörner
$\frac{1}{4}$ TL Thymian
1 Zwiebel, in Ringen
4 Scheiben Brot, ohne Rinde
$\frac{1}{2}$ Tasse Milch
4 gehackte Sardellenfilets
1 Ei
1 Prise Muskat
3 EL Butter
$\frac{1}{2}$ Tasse Pilze, in Scheiben
3 EL Mehl
1 EL Tomatenmark

Man läßt den Fisch säubern, Kopf, Schwanz und Flossen entfernen. Diese Rückstände läßt man mit Wasser, Salz, Essig, Pfeffer, Thymian und Zwiebel aufkochen, dann 20–30 Minuten köcheln, gießt alles durch ein Sieb und reserviert die Brühe. Man weicht das Brot in der Milch, drückt es aus und vermischt es mit den abgelösten Fischresten von Kopf und Schwanz, Sardellen, dem Ei und Muskat. Damit füllt man die Bauchhöhle des Hechts, wickelt ihn in Alufolie und bäckt ihn 35 Minuten bei 190° im Ofen. Inzwischen erhitzt man die Butter in einer Pfanne, dünstet darin die Pilze unter Rühren 2–3 Minuten bei starker Hitze, dann das Mehl 1 Minute, fügt das Tomatenmark und 2 Tassen reservierte Brühe hinzu und läßt die Soße unter Rühren eindicken. Man gibt den Fisch auf eine Wärmeplatte und reicht die Soße gesondert dazu. Als Beilage passen Petersiliekartoffeln.

Lachs nach Tizian Art

Salmone alla ticinese

4 Portionen

4 Lachssteaks (1000 g)
1/2 TL Salz
1/4 Tasse geriebener Emmentaler
1 EL Mehl
1/2 Tasse saure Sahne
    Frisch gemahlener, schwarzer Pfeffer
1 Prise Muskat
4 EL Öl
1 Zitrone, in dünnen Scheiben
    Petersilienzweiglein

Die Steaks werden gesalzen. In einer kleinen Schüssel mischt man Käse, Mehl, saure Sahne, Pfeffer und Muskat. Man erhitzt das Öl in einer Pfanne, dünstet darin die Steaks bei großer Hitze je Seite ca. 30 Sekunden, legt sie dann in eine gebutterte Form und gibt löffelweise die Soße darüber. Man bäckt sie 10 Minuten in einem 190° heißen Ofen und serviert sie in der Form mit Zitronenscheiben und Petersilie garniert. Dazu paßt Tomatensoße.

Fischragout

4 Portionen

500 g Fischfilets (Schwertfisch
    oder Seebarsch)
4 Tassen Wasser
1 EL Weinessig
1 Lorbeerblatt
4 zerdrückte Pfefferkörner
125 g Speck, in Würfeln
1 gehackte Zwiebel
2 EL Tomatenmark
1 kleine, grüne Paprika, in
    feinen Streifen
$1/2$ TL Salz
    Frisch gemahlener,
    schwarzer Pfeffer
1 TL Rosenpaprika

Man schneidet den Fisch in
5 cm große Stücke, bringt das
Wasser mit dem Wein, Lor-
beer und Pfeffer zum Kochen,
legt den Fisch ein, reduziert
die Hitze und köchelt ihn 10
Minuten lang. Man läßt den
Speck aus, dünstet darin die
Zwiebel goldbraun, fügt 1
Tasse Fischbrühe, das Tomatenmark, die grüne Paprika,
Salz und Pfeffer hinzu und köchelt alles 10 Minuten. Nun
gibt man das Paprikapulver
und den Fisch dazu, köchelt
alles noch 5 Minuten und serviert das Gericht sofort.

Fleischgerichte

Das ungarische Wort »Gulyás« heißt Kuhhirt, und das Gulasch, das aus Fleisch, Zwiebeln und Paprika bereitet wird und überall auf der Welt berühmt wurde, war jahrhundertelang traditionelles Essen der Hirten auf den großen ungarischen Ebenen. Wenn die Sonne untergeht und die Tiere getrunken haben, wird neben den kalkgetünchten Hütten der Hirten ein Feuer entzündet. Über den Flammen steht ein Dreifuß und an ihm wird der schwere Eisenkessel aufgehängt, in dem das »Gulyás« gekocht wird. Das klassische Gulasch wird »Bográcsgulyás«, Kesselgulasch, genannt und in den meisten Restaurants wird es in einem Eisentopf auf den Tisch gebracht. Dieses traditionelle Gulasch ist eher eine Suppe als ein Eintopf; es ist viel flüssiger als der Gulasch, der außerhalb Ungarns serviert wird. Gulasch in dicker brauner Soße, wie wir es kennen, wird in Ungarn »Pörkölt« genannt. Wie so oft bei traditionellen Gerichten existieren viele Abwandlungen. Die Hirten haben natürlich Rindfleisch für das Gulasch verwendet, man kann aber auch Hammeloder Schweinefleisch dazu nehmen. Wenn man es mit Schweinefleisch und Sauerkraut zubereitet, wird das bekannte »Székelygulyás« daraus. In einem berühmten Restaurant in Budapest fügt der Koch grüne Bohnen hinzu, und während der Weinernte serviert man manchmal den Weinlesern Gulasch, der auch Wein enthält.

Reisfleisch

6 Portionen

3 EL Butter
1 feingehackte Zwiebel
1 zerdrückte Knoblauch-
    zehe
1000 g Schweineschulter, in
    1-cm-Würfeln
1 EL Paprikapulver
½ TL Salz
    Schwarzer Pfeffer
5 Tassen Rinderbrühe
1½ Tassen Reis
4 EL süße Sahne
12 dünne Pimentstreifen

Man erhitzt die Butter in einer Kasserolle, dünstet darin Zwiebel und Knoblauch weich, bräunt dann das Fleisch, gießt das überschüssige Fett ab, fügt Paprikapulver, Salz, Pfeffer und 2 Tassen Brühe hinzu und läßt alles zugedeckt 1 Stunde köcheln. Inzwischen kocht man den Reis in der restlichen Brühe, bis die Flüssigkeit ganz absorbiert ist, siebt das Fleisch und die Zwiebeln durch und reserviert die Kochflüssigkeit. Man mischt den Reis mit dem Fleisch und den Zwiebeln, drückt ihn fest in Portionsschalen, verrührt die Kochflüssigkeit mit der Sahne, bringt sie zum Köcheln, gibt über jede Portion etwas von dieser Soße, garniert mit Pimentstreifen und serviert das Gericht sofort.

Rindfleisch mit Gurken

6 Portionen

1000 g Rindersteak von der
  Flanke
3 EL Butter
½ Tasse Pilze, in Scheiben
1½ EL gehackter Schinken-
  speck
1 TL Rosenpaprika
½ TL Salz
  Frisch gemahlener,
  schwarzer Pfeffer
1 EL gehackte Petersilie
2 grobgehackte Dillgurken
1 EL weiche Butter
1 EL Mehl
1 Tasse Rinderbrühe
½ Tasse saure Sahne

Man halbiert das Steak längsseits, klopft die Teile flach und
schneidet zwei Rechtecke heraus. Der Rest wird gehackt,
mit den Pilzen und dem Speck
2 Min. in der Hälfte der Butter gedünstet und mit Paprika
gewürzt. Die Rechtecke würzt
man mit Salz und Pfeffer,
schichtet das gebratene Gemisch mit den Gurken und der
Petersilie zwischen die beiden
Scheiben, dreht sie zu einer
Rolle und verschnürt sie. In
der restlichen Butter bräunt
man die Rolle an und schneidet sie dann in dicke Scheiben.
Nun mischt man 1 Eßlöffel
Butter mit 1 Eßlöffel Mehl,
rührt sie zum Bratsud, gießt
die Brühe dazu, legt die Rin-
derscheiben hinein, köchelt alles zugedeckt 2 Stunden und
rührt zum Schluß die saure
Sahne zum Fond.

Schweinehaxen Genfer Art

Pieds de porc

4–6 Portionen

   3 EL Öl
   6 frische Schweinehaxen
 ¹/₂ TL Salz
     Frisch gemahlener,
     schwarzer Pfeffer
   2 gehackte Karotten
   2 große, gehackte Zwiebeln
   2 zerdrückte Knoblauchze-
     hen
   1 Tasse Weißwein
   4 geschälte, entkernte, ge-
     hackte Tomaten
   1 gehackter Lauch (nur
     weißer Teil)
 ¹/₄ TL Rosmarin
 ¹/₄ TL Estragon
 1¹/₂ TL milder Senf
   2 EL Paniermehl
   1 EL Butter
 250 g gehackte Pilze
 1¹/₂ EL Stärkemehl
 ¹/₄ Tasse Madeira

Die Haxen werden 10–15 Min. in dem heißen Öl angebräunt, mit Salz und Pfeffer gewürzt, herausgenommen und warmgestellt. In dem Öl dünstet man nun Karotten, Zwiebeln und Knoblauch weich, fügt Wein, Tomaten, Lauch, Brühe, Rosmarin und Estragon hinzu, gibt die Haxen zurück und läßt alles zugedeckt 3 Stunden köcheln. Man nimmt die Haxen heraus, löst das Fleisch von den Knochen und reserviert den Sud. Das Fleisch legt man in eine gebutterte Kasserolle, bestreicht es mit Senf, bestreut es mit Paniermehl, legt das abgetropfte Gemüse dazu und gibt alles für 20 Minuten in einen auf 215° vorgeheizten Ofen. Man erhitzt 1 Eßlöffel Butter in einer Pfanne, bräunt darin die Pilze leicht an, fügt 2 Tassen reservierten Sud dazu, löst die Stärke in Madeira, rührt sie zur Soße und läßt sie in 2 Minuten eindicken.

Znaimer Gulasch

6 Portionen

1250–1500 g knochenloses
    Rundsteak, in 5-cm-
    Würfeln
1/2 Tasse Mehl mit einem
1/2 TL Salz gewürzt
    Frisch gemahlener,
    schwarzer Pfeffer
2 EL Butter
2 EL Öl
6 grobgehackte Zwiebeln
1 EL Rosenpaprika
2 Tassen Rinderbrühe
3 EL Tomatenmark
1/2 TL Majoran
1/4 TL Kümmelsamen
1 zerdrückte Knoblauch-
    zehe
    Geriebene Schale von
    1 Zitrone
    Essiggurken
    Gekochte Kartoffeln

Man wendet die Würfel im gewürzten Mehl, brät sie bei hoher Temperatur in einem heißen Öl-Buttergemisch allseitig braun und gibt sie in eine Kasserolle. Nun gibt man die Zwiebeln in die Pfanne, dünstet sie bei Mittelhitze goldbraun, reduziert die Hitze, fügt das Paprikapulver, 1/2 Tasse Brühe, Tomatenmark, Majoran, Kümmel, Knoblauch und Zitronenschale hinzu und köchelt alles 3 Minuten. Man gießt die restliche Brühe und diese Mischung über das Fleisch in der Kasserolle und läßt es zugedeckt langsam 1 1/2 Stunden garen. Man serviert es in der Kasserolle und reicht Essiggurken und gekochte Kartoffeln dazu.

Steirisches Wurzelfleisch

6 Portionen

3 EL Butter
1250 g Schweineschulter, in 2,5 cm großen Stücken
4 grobgehackte Zwiebeln
1 kleine Rübe, in Streifen
4 Karotten, in Streifen
1 Lorbeerblatt
2 Gewürznelken
$\frac{1}{2}$ TL Thymian
$\frac{1}{2}$ TL Salz
Frisch gemahlener, schwarzer Pfeffer
Rinderbrühe oder Wasser
1000 g geschälte, gewürfelte Kartoffeln
Frisch geriebener Meerrettich

Die Butter wird erhitzt und das Fleisch darin bei starker Hitze allseitig braun gedünstet. Man gibt es in eine Kasserolle, fügt Zwiebeln, Rübe, Karotten, Lorbeer, Nelken, Thymian, Salz, Pfeffer und genügend Brühe oder Wasser hinzu, bis die Zutaten fast bedeckt sind, läßt alles aufkochen und dann zugedeckt etwa 1 Stunde köcheln, bis das Fleisch zart ist. Die Kartoffeln kocht man in reichlich gesalzenem Wasser 15–20 Minuten, tut sie in eine Schüssel, gibt den Inhalt der Kasserolle außer Lorbeer und Nelken dazu und streut reichlich Meerrettich darüber.

Emmentaler Schnitzel

4 Portionen

4 Kalbskoteletts (je ca. 125 g)
Saft von 1 Zitrone
1/2 TL Salz
Frisch gemahlener, schwarzer Pfeffer
1–2 EL geriebener Parmesan-käse
1 Ei
1/2 Tasse Paniermehl
4 EL Butter
4 dicke Scheiben Emmentaler

Man klopft die Koteletts sehr dünn aus, würzt sie beidseitig mit Salz und Pfeffer, träufelt Zitronensaft darauf und bestreut sie mit Parmesan. Die Eier werden leicht geschlagen, mit dem Paniermehl verrührt und die Koteletts darin gewendet. Man erhitzt die Butter, bräunt die Koteletts 2–3 Minuten auf einer Seite, wendet sie, belegt sie jeweils mit einer Käsescheibe, reduziert die Temperatur und läßt sie zugedeckt 3 Minuten garen, bis der Käse schmilzt. Man serviert sie sofort mit frischem grünen Salat.

Berner Platte

8 Portionen

1 Kalbszunge
500 g Rindfleisch zum Kochen
1 TL Salz
Frisch gemahlener, schwarzer Pfeffer
500 g mageres Pökelfleisch vom Schwein
500 g Schälrippchen
2 geräucherte Würstchen
3 1/2 Pfund Sauerkraut
1/4 Tasse Wasser

Man gibt die Zunge und das Fleisch in einen großen Topf, würzt sie mit Salz und Pfeffer, bedeckt sie mit Wasser, bringt alles zum Kochen, schöpft den Schaum ab, und läßt dann alles zugedeckt 2 1/2–3 Stunden köcheln. In einem anderen Topf setzt man die restlichen Zutaten auf und köchelt sie zugedeckt 1 Stunde. Man entfernt Zunge und Fleisch, löst die Zungenhaut ab und nimmt das Pökelfleisch, die Rippchen und Würstchen aus dem Kraut. Man tropft das Kraut ab, gibt es auf eine Wärmeplatte, tranchiert das Fleisch und arrangiert alle Zutaten auf dem Kraut.

Tafelspitz

6 Portionen

6 Tassen Wasser
2 TL Salz
2 Zwiebeln
2 Karotten
3 Petersilienzweiglein
6 zerdrückte Pfefferkörner
1 Lorbeerblatt
3 Pfund Rindfleisch zum
  Braten
3 EL gehackter Schnittlauch
1 1/2 Tassen Mayonnaise

Man setzt das Wasser mit Salz,
Zwiebeln, Karotten, Petersilie,
Pfefferkörnern und Lorbeer
zum Kochen auf, gibt das
Fleisch dazu und köchelt alles
zugedeckt 1 1/2–2 Stunden. Das
Fleisch wird in 1,5 cm dicke
Scheiben geschnitten, auf eine
Wärmeplatte gelegt und 1
Tasse Brühe darübergegossen.
Man verrührt den Schnittlauch
mit der Mayonnaise, reicht
diese Soße gesondert dazu und
serviert das Gericht mit ge-
kochten Kartoffeln und Ap-
felmus.

Fleischeintopf mit saurer Sahne

Majoran tokany

6 Portionen

6 EL Butter
3 gehackte Zwiebeln
1000 g Rippen- oder Lenden-
  steaks, in Streifen
1 TL Salz
  Frisch gemahlener,
  schwarzer Pfeffer
1/2 TL Majoran
3/4 Tasse Weißwein
3/4 Tasse Wasser
250 g gekochter Schinken, in
  Streifen
1 Tasse saure Sahne

Man erhitzt die Butter, dünstet
darin die Zwiebeln goldbraun
(4–5 Minuten), gibt das
Fleisch dazu, würzt es mit
Salz, Pfeffer und Majoran und
dünstet es 3–4 Minuten. Nun
fügt man Wein und Wasser
hinzu, läßt alles aufkochen,
und dann zugedeckt 1 Stunde
köchelt. Man gibt den Schinken dazu, köchelt 30 Minuten
weiter, rührt die saure Sahne
ein, erhitzt alles kurz und serviert das Gericht mit Nudeln.

Kalbszunge

4 Portionen

1000 g Kalbszunge
1 TL Salz
1 Karotte, in Scheiben
1 geviertelte Zwiebel
1 Petersilienzweiglein
1 Lorbeerblatt
1 Gewürznelke
4 zerdrückte Pfefferkörner
1 Packung Prinzeßbohnen, gekocht und gehackt
1 Packung tiefgefrorene Spargelspitzen, gekocht
2 geschälte Orangen, in dünnen Scheiben
6 EL Preiselbeermarmelade

Man weicht die Zunge 2–3 Stunden in kaltem Wasser, spült sie, bestreut sie mit Salz und setzt sie mit der Karotte, Zwiebel, Petersilie, dem Lorbeer, der Nelke und Pfefferkörnern in einer großen Kasserolle mit Wasser bedeckt zum Kochen auf, reduziert die Hitze und köchelt sie in 2½ Stunden zart. Man entfernt die Haut, schneidet die Zunge in gut 1 cm dicke Scheiben, legt sie auf eine Wärmeplatte, dekoriert sie abwechselnd mit Spargelspitzen und grünen Bohnen, legt rundherum Orangenscheiben und gibt obenauf die Marmelade. Dazu reicht man Kartoffelpüree.

Zürcher Geschnetzeltes

6 Portionen

6 EL Butter
1 feingehackte Zwiebel
750 g Kalbfleisch, in dünnen
    Streifen
1 TL Salz
    Frisch gemahlener,
    schwarzer Pfeffer
$3/4$ Tasse herber Weißwein
250 g Pilze, in Scheiben
1 Tasse Milch
$1/2$ Tasse süße Sahne
1 EL Stärkemehl gelöst in
2 EL Wasser

Man erhitzt 4 Eßlöffel Butter, dünstet darin die Zwiebel weich, fügt das Fleisch hinzu und bräunt es bei großer Hitze allseitig an. Man würzt es mit $1/2$ Teelöffel Salz und Pfeffer, gibt den Wein dazu und köchelt es unter Rühren 15 Minuten. In einem anderen Topf erhitzt man die restliche Butter, dünstet darin die Pilze 5 Minuten, würzt sie mit dem restlichen Salz und Pfeffer, rührt die Milch und Sahne ein, erhitzt sie kurz, gießt die Soße über das Fleisch und rührt alles gut durch. Man dickt mit der gelösten Stärke ein und serviert Kartoffelrösti (S. 97) dazu.

Steak Esterházy

Eszterházy rostélyos

6 Portionen

1000 g Rindersteak vom Nakken, ohne Knochen
1 TL Salz
Frisch gemahlener,
schwarzer Pfeffer
6 EL Butter
2 geschälte Rüben, in Streifen
1/2 Tasse gehackte Petersilie
2 Selleriestangen, in dünnen Scheiben
2 gehackte Zwiebeln
4 EL Mehl
6 zerdrückte Pfefferkörner
1 EL Paprikapulver
2 Tassen Rinderbrühe
2 Tassen saure Sahne
1 EL Kapern
1/2 Zitrone, in Scheiben

Man würzt das Fleisch mit Salz und Pfeffer, erhitzt die Butter in einer Pfanne, bräunt das Fleisch schnell beidseitig bei großer Hitze darin an, nimmt es heraus und stellt es warm. In der gleichen Butter dünstet man Rüben, Petersilie, Sellerie und Zwiebeln 5 Minuten, rührt das Mehl dazu, gibt die Pfefferkörner und Paprika hinein und gießt unter ständigem Rühren die Brühe dazu. Man läßt alles zugedeckt 10 Minuten köcheln. Das Fleisch legt man in eine Kasserolle, übergießt es mit der Soßenmischung und köchelt es zuge-

Paprikaleber

Pörkölt Borjumaj

4 Portionen

500 g Kalbsleber
2 EL Butter
1 gehackte Zwiebel
1 EL Paprikapulver
1/2 TL Salz
Frisch gemahlener,
schwarzer Pfeffer

Man schneidet die Leber in 5 cm lange, 1,5 cm breite und 0,5 cm dicke Stücke. Die Butter erhitzt man in einer Pfanne, dünstet darin die Zwiebel in 5 Minuten glasig, streut Paprika darauf und erhöht die Temperatur. Man legt die Leber dazu, dünstet sie in 3–4 Minuten allseitig braun, würzt sie mit Salz und Pfeffer und serviert sie sofort.

deckt 2 Stunden darin. Vor dem Servieren kommt die saure Sahne dazu (ohne zu kochen!). Man schneidet das Fleisch in Scheiben und garniert es mit Kapern und Zitronenscheiben.

Gulasch Klausenburger Art

Koloszvári gulyas

6 Portionen

2 EL Butter
1000 g Rinderkeule, in
 2-cm-Würfeln
 2 grobgehackte Zwiebeln
 1 zerdrückte Knoblauch-
 zehe
 1 EL Halbsüßpaprika
 1/2 TL Kümmel
 1/4 TL Majoran
 1 TL Salz
 Frisch gemahlener,
 schwarzer Pfeffer
 1 1/2 Tassen Rinderbrühe oder
 Wasser
 4 mittelgroße, geschälte
 Kartoffeln, in Würfeln
 2 entkernte, grüne Paprika,
 in Streifen
 4 geschälte, entkernte Tomaten, in Scheiben
 4 Tassen Weißkohl, in
 Streifen

Man erhitzt die Butter, bräunt
das Fleisch darin 5 Minuten
an, gibt Zwiebeln, Knoblauch,
Paprikapulver, Kümmel, Majoran, Salz, Pfeffer und die
Brühe dazu, läßt alles aufkochen und dann zugedeckt 1 1/2
Stunden köcheln. Man fügt die
Kartoffeln, Paprika, Tomaten,
den Kohl und wenn nötig etwas Wasser hinzu und läßt alles weitere 25 Minuten zugedeckt köcheln, bis die Gemüse
zart sind.

Kümmelfleisch

4 Portionen

1000 g knochenloses
 Rindfleisch, vom Hals-
 grat, in 2-cm-Würfeln
 1 geviertelte Zwiebel
 1/2 TL Salz
 Frisch gemahlener,
 schwarzer Pfeffer
 1 TL zerdrückter Kümmel
 1/2 TL Paprikapulver
 1 Prise gemahlene Ge-
 würznelke
 2 TL Essig
 Rinderbrühe oder Was-
 ser

Man gibt Fleisch, Zwiebel,
Salz, Pfeffer, Kümmel, Paprikapulver, Gewürznelke und
Essig in eine Kasserolle, gießt
Brühe oder Wasser dazu, bis
die Zutaten gerade bedeckt
sind, bringt alles zum Kochen,
schöpft den Schaum ab, reduziert die Hitze und läßt das
Fleisch zugedeckt in 2 Stunden
garen, bis es zart ist. Man serviert dazu gekochte Kartoffeln
oder Butternudeln.

Gulasch

Gulyas

6 Portionen

1000 g Lendensteak vom
    Rind, in 2,5-cm-Würfeln
  1 TL Salz
    Frisch gemahlener,
    schwarzer Pfeffer
  3 EL Butter
  4 grobgehackte Zwiebeln
  2 Tassen Rinderbrühe oder
    Wasser
  4 mittelgroße, geschälte
    Kartoffeln, in Würfeln
  1 zerdrückte Knoblauch-
    zehe
  1 TL Kümmel
  1 EL Halbsüßpaprika
  2 grüne, entkernte Paprika,
    in Ringen
  4 mittelgroße, geschälte,
entkernte Tomaten, in
Scheiben

Man würzt das Fleisch mit Salz
und Pfeffer, erhitzt die Butter,
dünstet die Zwiebeln darin
goldbraun, gibt das Fleisch
dazu und bräunt es bei großer
Hitze allseitig ca. 5 Minuten.
Nun fügt man die Brühe hinzu
und läßt es zugedeckt 1¼
Stunden köcheln. Tomaten,
Kümmel, Paprikapulver kommen dazu, obenauf legt man
die Paprikastreifen und Tomaten und läßt alles zugedeckt
weitere 25 Minuten garen. In
Ungarn wird der Gulasch über
»Scipethe«, flockenförmigen
Nudeln, serviert, die man aber
auch durch andere Nudeln er-
setzen kann.

Gespickte Kalbsvögerl

6 Portionen

1000 g Kalbfleisch vom Bein,
    in 6 gleichgroßen Portio-
    nen
  1 TL Salz
    Frisch gemahlener,
    schwarzer Pfeffer
  6 Scheiben Speck
  3 EL Butter
  1 feingehackte Zwiebel
  1 EL Tomatenmark
  1 Tasse Hühnerbrühe oder
    Wasser
  1 EL Stärkemehl
  ½ Tasse herber Weißwein
  1 TL Zitronensaft

Man würzt das Fleisch mit Salz und Pfeffer, klopft es sehr dünn aus, rollt es eng ein, umwickelt es mit jeweils einer Speckscheibe und verschnürt die Rollen. Die Butter erhitzt man, dünstet darin die Zwiebel glasig, brät die Rollen 5–10 Minuten darin, reduziert die Hitze, fügt unter Rühren Tomatenmark und Brühe dazu und läßt alles zugedeckt 1 Stunde sanft köcheln. Dann nimmt man das Fleisch heraus, beseitigt die Schnüre und stellt es warm. Man löst die Stärke im Wein, kocht damit den Fond 3–5 Minuten lang auf und fügt den Zitronensaft hinzu. Die Soße gießt man über das Fleisch und serviert Reis und Pilze dazu.

Eingemachtes Kalbfleisch

4 Portionen

750 g Kalbfleisch, in 3-cm-Würfeln
1 TL Salz
   Frisch gemahlener, schwarzer Pfeffer
3 EL Butter
1 gehackte Zwiebel
2 EL Mehl
1½ Tassen Hühnerbrühe oder Wasser
1 Tasse Pilze, in Scheiben
4 EL grüne Erbsen
1 EL gehackte Petersilie
1 Eigelb
2 EL Milch
1 TL Zitronensaft

Man würzt das Fleisch mit Salz und Pfeffer, erhitzt die Butter, bräunt darin das Fleisch bei großer Hitze 5 Minuten, nimmt es aus der Pfanne, gibt die Zwiebel hinein und dünstet sie weich. Nun rührt man das Mehl ein, gibt nach und nach die Brühe unter Rühren hinzu, dickt die Soße ein, legt Fleisch und Pilze dazu, läßt alles aufkochen und dann 45 Minuten köcheln. Man fügt Erbsen und Petersilie hinzu, köchelt sie 10 Minuten mit, gibt vor dem Servieren das mit Milch und Zitronensaft verrührte Eigelb dazu, erhitzt alles kurz und serviert sofort.

Kalbsgulasch

Teleci gulas

4 Portionen

4 EL Butter
875 g Kalbfleisch, in Würfeln
1 TL Salz
   Frisch gemahlener, schwarzer Pfeffer
2 TL zerdrückter Kümmel
½ gehackte Zwiebel
1 Karotte, in Würfeln
2 Tassen Hühnerbrühe
2 EL Mehl
1 EL gehackte Petersilie

Man erhitzt die Butter, bräunt darin das Fleisch leicht an, würzt es mit Salz, Pfeffer und Kümmel, reduziert die Hitze und läßt es zugedeckt 7–8 Minuten garen. Dann fügt man die Gemüse hinzu, brät sie unter gelegentlichem Rühren 2 Minuten, gibt die Hälfte der Brühe hinein, reduziert die Hitze und läßt alles zugedeckt 1 Stunde köcheln. Man entfernt den Deckel, erhöht die Temperatur und läßt fast die ganze Brühe einkochen. Nun rührt man das Mehl ein, fügt die Petersilie und restliche Brühe hinzu, läßt alles kurz aufkochen und dann noch 10 Minuten köcheln.

Schnitz und Drunder

4 Portionen

375 g getrocknete Apfelscheiben
  2 EL Zucker
  1 TL Wasser
500 g magerer Räucherspeck,
  in Scheiben
1½ Tassen Rinderbrühe
  3 mittelgroße, geschälte
  Kartoffeln, in dicken
  Scheiben

Man läßt die Äpfel in lauwar-
mem Wasser zugedeckt 2
Stunden weichen, setzt den
Zucker mit dem Wasser in einer Kasserolle auf und karamelisiert den Zucker unter
Rühren bei Mittelhitze. Dann
fügt man die abgetropften
Äpfel mit dem Speck und der
Brühe hinzu und köchelt alles
zugedeckt 1 Stunde lang. Nun
kommen die Kartoffeln hinein
und werden weichgekocht.
Serviert wird das Gericht in
der Kasserolle.

Geschmortes Schweinefleisch

Pörkölt

6–8 Portionen

  6 EL Butter
  4 gehackte Zwiebeln
  1 EL Paprikapulver
  3 Pfund Schweineschulter,
  in kleinen Stücken
1½ TL Salz
  Frisch gemahlener,
  schwarzer Pfeffer
1½ Tassen Hühnerbrühe oder
  Wasser
  2 grüne, entkernte Paprika,
  in Streifen
  6 mittelgroße, geschälte
  Tomaten, in Scheiben

Man erhitzt die Butter, dünstet
darin die Zwiebeln goldbraun,
bestreut sie mit Paprika, fügt
das Fleisch hinzu, würzt es mit
Salz und Pfeffer, bräunt es bei
großer Hitze 4–5 Minuten,
gibt die Brühe dazu und köchelt alles bei schwacher Hitze
1 Stunde. Man fügt die Paprika und Tomaten hinzu und
läßt alles weitere 15 Minuten
köcheln. Makkaroni passen gut
dazu.

Krautfleisch

6 Portionen

1000 g Schweineschultcr, in
    Würfeln
1 TL Salz
    Frisch gemahlener,
    schwarzer Pfeffer
6 EL Butter
2 gehackte Zwiebeln
1 zerdrückte Knoblauch-
    zehe
1 EL Paprikapulver
½ EL Weinessig
1 Weißkohl, in Streifen
2 Tassen Hühnerbrühe
6 EL leicht geschlagene
    Sahne
1 EL gehackter Schnitt-
    lauch

Man würzt das Fleisch mit Salz und Pfeffer, erhitzt 3 Eßlöffel Butter, bräunt darin das Fleisch allseitig an und nimmt es heraus. Nun erhitzt man die restliche Butter und bräunt darin Zwiebel und Knoblauch, fügt Paprika und Weinessig hinzu und köchelt alles unter Rühren 1 Minute. Man legt das Fleisch mit der Zwiebelmischung und dem Kraut in eine Kasserolle, fügt die Brühe hinzu und köchelt alles 1 Stunde. Dann legt man es auf eine Wärmeplatte, gibt den Rahm löffelweise in die Mitte und garniert mit Schnittlauch. Dazu gehören gekochte Kartoffeln.

Wiener Schnitzel

4 Portionen

500 g Kalbskoteletts
 1/3 Tasse Mehl vermischt mit
 1/2 TL Salz
   Frisch gemahlener,
   schwarzer Pfeffer
 1 leicht geschlagenes Ei
 1/2 Tasse Paniermehl
 4 EL Butter
 4 Zitronenscheiben

Man klopft die Koteletts zwischen Wachspapier sehr dünn aus, wendet sie im gewürzten Mehl, taucht sie zuerst in Ei, dann in Paniermehl und bäckt sie in der heißen Butter bei Mittelhitze beidseitig goldbraun. Dann legt man sie auf eine Wärmeplatte, garniert sie mit den Zitronenscheiben und serviert Petersilienkartoffeln und frischen grünen Salat dazu.

Fleischpflänzchen

Chifteluta

4 Portionen

4 Scheiben altbackenes
  Brot, ohne Rinde
2 EL Milch
500 g mageres Rinderhack
  1 TL Salz
    Frisch gemahlener,
    schwarzer Pfeffer
  2 zerdrückte Knoblauchze-
    hen
  1 EL gehackte Petersilie
  1/4 TL Paprikapulver
  3 EL Öl

Man zerbröckelt die Brot-
scheiben, weicht sie 10 Minuten in der Milch, drückt sie
aus und vermischt sie locker
mit den restlichen Zutaten außer dem Öl. Nun teilt man die
Mischung in 4 Teile und formt
aus jedem einen Kloß. Man
erhitzt das Öl in einer Pfanne
und brät darin die Fleischbälle
5 Minuten je Seite, bis sie
schön braun und knusprig
sind.

Neuenburger Leberpastetchen

6 Portionen

2 EL Butter
1 gehackte Zwiebel
250 g gehackte Kalbsleber
  1/2 TL Salz
    Frisch gemahlener,
    schwarzer Pfeffer
  1 Ei
  1 Eigelb
  2 EL Paniermehl
  1/2 TL Majoran
  1/2 TL Salbei
  1 EL gehackte Petersilie
  6 Blätterteigpasteten
  1 geschlagenes Ei

Man erhitzt die Butter in einer
Pfanne, dünstet die Zwiebel
darin glasig, nimmt sie heraus
und vermischt sie gut mit Leber, Salz, Pfeffer, Ei, Eigelb,
Paniermehl und den Kräutern
und füllt damit die Förmchen.
Man drückt die Deckel gut an,
bepinselt sie mit dem geschlagenen Ei und bäckt sie in einem vorgeheizten Ofen bei
215° 20 Minuten, bis sie goldbraun sind.

Gefüllter Kohl mit Sauerkraut

Töltött káposzta

4 Portionen

500 g Schweinehack
¾ Tasse halbgekochter Reis
⅓ Tasse gekochter Schinken, in Würfeln
2 leicht geschlagene Eier
1 feingehackte Zwiebel
½ zerdrückte Knoblauchzehe
1 TL Salz
   Frisch gemahlener, schwarzer Pfeffer
8 ganze, große Kohlblätter
750 g gelockertes Sauerkraut
250 g Speck, in Scheiben
1½ Tassen Wasser
1 Tasse saure Sahne
2 EL Butter

Man vermischt Hackfleisch, Reis, Schinken, Eier, Zwiebel, Knoblauch, Salz und Pfeffer gut miteinander. Die Kohlblätter köchelt man 4 Minuten in Salzwasser, tropft sie ab und läßt sie abkühlen, gibt die Fleischmasse auf die Blätter und formt 8 (an den Rändern eingeschlagene) Rollen, die man zubindet. Man setzt sie in eine gebutterte Kasserolle auf die Hälfte des Sauerkrauts, legt den Speck darüber, gibt das restliche Kraut darauf, fügt das Wasser hinzu, läßt alles kochen und läßt das Ganze zugedeckt 1½ Stunden köcheln. Man gibt löffelweise Sauer-

Gegrillte Würstchen

Mititei

4 Portionen

500 g feingemahlenes Rinderhack
1 TL Salz
   Frisch gemahlener, schwarzer Pfeffer
¾ TL Thymianpulver
¾ TL Majoranpulver
¼ TL zerstoßenes Lorbeerblatt
1 feingehackte Zwiebel
1 kleine, feingehackte Knoblauchzehe
3 EL kaltes Wasser
2 EL Öl

Man vermischt das Hackfleisch mit allen Zutaten außer dem Öl und läßt es zugedeckt 6 Stunden stehen. Aus der Masse formt man 5 cm lange dünne Würstchen (Durchmesser 2,5 cm), pinselt sie mit Öl ein und grillt sie über Holzkohlenfeuer oder im Grill ca. 8 Minuten je Seite, bis sie braun und knusprig sind.

rahm darüber, läßt ihn heiß werden und serviert das Gericht sofort.

Schweinekotelett auf Sauerkraut

4 Portionen

4 EL Butter
2 gehackte Zwiebeln
750 g Sauerkraut
 ½ Tasse Rinderbrühe
 ½ Tasse Rotwein
 1 grüne, entkernte, gehackte
   Paprika
 2 Lorbeerblätter
 2 TL Paprikapulver
 ⅛ TL weißer Pfeffer
 4 Schweinekoteletts
 ½ TL Salz
   Frisch gemahlener,
   schwarzer Pfeffer

Man erhitzt 2 Eßlöffel Butter in einer Kasserolle, dünstet darin die Zwiebeln golden, gibt Sauerkraut und Brühe dazu und köchelt alles 30 Minuten. Dann fügt man Wein, Paprikaschote, Lorbeer, Paprikapulver und weißen Pfeffer hinzu und läßt alles weitere 30 Minuten köcheln. Inzwischen erhitzt man die restliche Butter in einer Pfanne, bräunt darin die mit Salz und Pfeffer gewürzten Koteletts bei Mittelhitze ca. 15 Minuten je Seite, legt sie auf das Kraut in die Kasserolle und reicht gegrillte Tomaten und Maiskolben oder gekochte Kartoffeln dazu.

Bosnische schwarze Pfanne

6–8 Portionen

- 4 Pfund Schweinebauch mit Schwarte
- 2 EL grobkörniges Salz
- 1–2 Tassen Wasser
- 125 g Speck, in Würfeln
- 1 gehackte Zwiebel
- 1 Tasse Rinderbrühe
- 1 rote, entkernte Paprika, in Streifen
- 1 Dose grüne Bohnen (ca. 800 g)
- ½ TL Salz
  Frisch gemahlener, schwarzer Pfeffer
- ¼ TL Majoran
- 1 Tasse süße Sahne
- 2 EL feingehackte Petersilie

Man kerbt das Fleisch kreuzförmig ein, reibt die Schwarte mit dem Salz ein, gibt 2,5 cm hoch Wasser in eine Kasserolle, legt das Fleisch (Schwarte nach unten) hinein, brät es 1 Stunde in einem 160° heißen Ofen, wendet es und läßt es noch 1 Stunde braten, bis die Schwarte braun und knusprig ist. Inzwischen läßt man die Speckwürfel aus, bräunt darin die Zwiebel goldbraun, gibt die Brühe und rote Paprika dazu, köchelt alles 15 Minuten und fügt dann die Bohnen, Salz, Pfeffer, Sahne und Petersilie dazu, köchelt alles 10–15 Minuten. Nun füllt man es in eine Schüssel, schneidet das Fleisch in Scheiben und legt es auf die Bohnen.

Hammelkeule

6–8 Portionen

1 Hammelkeule mit Knochen
  (5–6 Pfund)
1 TL Salz
  Frisch gemahlener, schwarzer Pfeffer
½ TL Thymianpulver
2 Knoblauchzehen, in Stiften
2 geviertelte Zwiebeln
6 EL Pflaumen- oder Kirschschnaps
½ Tasse Rinderbrühe
½ Tasse Rotwein
1 EL Stärkemehl gelöst in
2 EL kaltem Wasser
  Etwas Olivenöl

Man reibt das Fleisch mit einer Mischung aus Salz, Pfeffer
und Thymian ein, spickt es mit
den Knoblauchstiften, bepinselt es mit Olivenöl und legt
es auf den Rost einer Bratpfanne. Man brät es unbedeckt
in einem vorgeheizten Ofen
15–20 Minuten bei 230°, reduziert die Hitze auf 175° und
brät es weitere 20–30 Minuten
je Pfund Fleisch. Hin und wieder wird es mit dem Fond
übergossen. Man nimmt das
Fleisch heraus, gießt den
Schnaps darüber und stellt es
warm. Dann kocht man den
Bratfond mit Rotwein auf und
läßt die Soße mit der gelösten
Stärke unter Rühren eindik-
ken. Dazu reicht man grüne
Bohnen und mit Kümmel be-
streute, gekochte Kartoffeln.

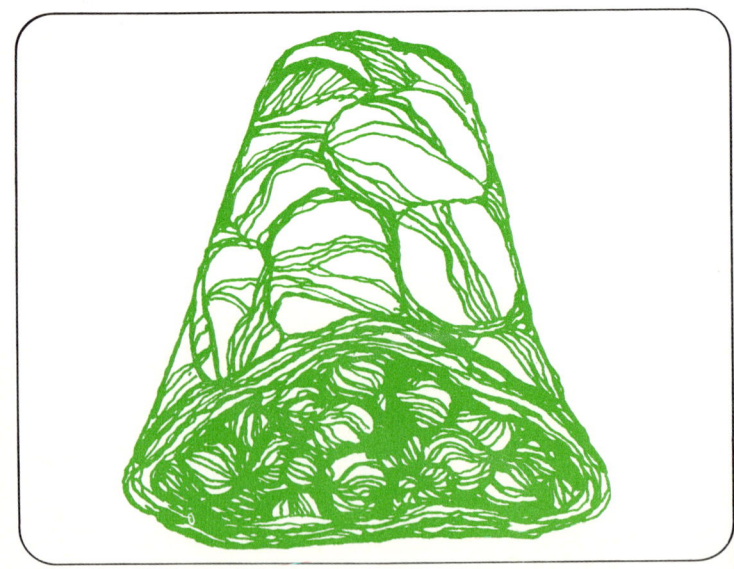

Geflügel und Wild

Hühnerragout

6 Portionen

1 Huhn (3½–4 Pfund)
1¼ TL Salz
Frisch gemahlener,
schwarzer Pfeffer
3 EL Butter
⅓ Tasse feingehackte Sellerie
2 geputzte, feingehackte Karotten
1 feingehackte Rübe
1 Tasse junge Pilze
2 Tassen Hühnerbrühe
1 EL Zitronensaft
1 EL Mehl gemischt mit
½ EL weicher Butter
2 EL feingehackte Petersilie

Man würzt das Huhn innen und außen mit 1 Teelöffel Salz und Pfeffer und bräunt es in der heißen Butter bei starker Hitze von allen Seiten an, reduziert die Hitze auf kleinste Flamme (Asbestunterlage daruntergeben!) und läßt das Huhn 20 Minuten zugedeckt garen (einmal wenden!). Man nimmt das Huhn heraus, läßt es etwas abkühlen, entfernt Haut und Knochen, zerlegt es in mundgerechte Stücke, gibt sie in einen anderen Topf und fügt Sellerie, Karotten, Rübe, Pilze, die Hälfte der Brühe, Zitronensaft, das restliche Salz und den Pfeffer hinzu. Nun läßt man alles aufkochen und dann halbbedeckt 30 Minuten köcheln, rührt die Mehlmischung und Petersilie darunter und läßt es weitere 20 Minuten köcheln.

Hühnerkasserolle

Pui Românese

4 Portionen

1 Huhn (3–3½ Pfund), in Portionsstücken
1 TL Salz
  Frisch gemahlener, schwarzer Pfeffer
3 EL Butter
2 feingehackte Karotten
2 feingehackte Kohlrabis oder Rübchen
1 EL feingehackte Petersilie
1 EL Zucker
2 Tassen Hühnerbrühe
1 Tasse frische Erbsen
2 EL Mehl gemischt mit
1 EL weicher Butter

Man würzt die Fleischstücke mit Salz und Pfeffer, dünstet immer nur einige auf einmal in der erhitzten Butter goldbraun, nimmt sie heraus und stellt sie warm. Man gibt Karotten, Kohlrabis, Petersilie und Zucker in die Butter, dünstet sie bei schwacher Hitze unter Rühren, bis der Zucker karamelisiert, fügt die Hühnerstücke und 1 Tasse Brühe dazu und läßt alles bei schwacher Hitze zugedeckt 30 Minuten köcheln, bis das Fleisch zart ist. Nun fügt man die restliche Brühe hinzu, bringt sie zum Köcheln, rührt nach und nach die Buttermischung ein und läßt die Soße unter Rühren 3 Minuten lang köcheln und eindicken.

Paprikahuhn

Paprikás csirke

4 Portionen

2 EL Olivenöl
2 feingehackte Zwiebeln
1 zerdrückte Knoblauchzehe
1 EL Paprikapulver
$^1\!/_2$ TL Kreuzkümmel
1 Huhn ($2^1\!/_2$–3 Pfund), in
  Portionsstücken
$^1\!/_2$ TL Salz
2 Tassen Hühnerbrühe
2 geputzte Karotten, in
  Scheiben
2 EL Tomatenmark

Man erhitzt das Öl, dünstet Zwiebeln und Knoblauch darin goldbraun, rührt Paprika und Kümmel dazu und köchelt alles 1 Minute. Dann legt man die Huhnstücke darauf, streut Salz darüber, gibt die Brühe und die Karotten hinein, bringt alles zum Köcheln und läßt es zugedeckt 25 Minuten bei schwacher Hitze garen. Nun kommt das Tomatenmark in die Brühe, zugedeckt köchelt man 25 Minuten weiter, bis das Huhn zart ist und serviert es mit Makkaroni oder Spaghetti.

Ente mit Süßmais

Kacsa Kukoricaval

4 Portionen

2 Scheiben altbackenes
  Weißbrot
3 EL Milch
1 Dose abgetropfter Süßmais
  (450 g)
1/2 TL Salz
  Frisch gemahlener, schwarzer Pfeffer
1 Entenleber
3 dünne Scheiben Schinken-
  speck
1 Ente (4–5 Pfund)
1 TL grobes Salz

Man weicht das zerpflückte
Brot in Milch, drückt es aus,
vermischt es mit dem Mais,
Salz, Pfeffer, der gehackten
Leber und dem gehackten
Speck, füllt die Ente damit
und verschließt die Bauchhöhle mit Zahnstochern. Nun
sticht man die Haut mit einer
Gabel ein, reibt grobes Salz in
die Poren, legt die Ente auf
den Rost einer Bratpfanne und
brät sie im vorgeheizten Ofen
10 Minuten bei 230°, dann 1 1/2
Stunden bei 175°, bis sie zart
ist.

Ente mit Rotkohl

Kachnas cervenym-zelim

4 Portionen

1 kleiner Rotkohl, in feinen
  Streifen
2 TL Salz
3 EL Speckfett
1 Lorbeerblatt
  Schwarzer Pfeffer
1 Ente (4 Pfund)
1 geschälter, entkernter, gehackter Apfel
1 kleine, geschälte Orange,
  in Scheiben
1/2 Tasse gehackter, magerer
  Schinken

Man vermischt den Kohl in einer Schüssel mit 1 Teelöffel
Salz, läßt ihn 2 Stunden ziehen
und drückt ihn aus. Das
Speckfett wird erhitzt, der
Kohl, Lorbeer und Pfeffer
kommen hinein, und man läßt
alles 30–40 Minuten zugedeckt
bei gelegentlichem Umrühren
auf schwacher Flamme dün-
sten. Die Ente wird mit Äpfeln, Orangen und Schinken
gefüllt, vernäht, das restliche
Salz und der Pfeffer darüber-
gestreut, die Haut angestochen
und die Ente auf dem Rost einer Bratpfanne in einem 175°
heißen Ofen 1 1/4–1 1/2 Stunden
gebraten. Wiederholt wird die
Haut eingestochen. Man legt
dann die Ente auf eine Wärmeplatte, entfernt die Vernä-
hung, erwärmt den Kohl und
verteilt ihn um die Ente.

Kaninchenpastete

6 Portionen

Pastetenteig:

2 1/2 Tassen Allzweckmehl
1/4 TL Salz
6 EL Butter
6 EL Backfett
6–8 EL kaltes Wasser

Füllung:

Kaninchen oder Huhn in
vier Stücken (3–3 1/2
Pfund)
1 TL Salz
1/2 Tasse feingehackter Speck
1 Tasse feingehacktes
Schweinefleisch
Frisch gemahlener,
schwarzer Pfeffer
Eine Prise Majoran
1/2 zerkrümeltes Lorbeerblatt
1 EL gehackte Petersilie
2 leicht geschlagene Eier
1 leicht geschlagenes Eigelb

Für die Pastete siebt man
Mehl und Salz in eine Schüssel, gibt die Butter in Flöckchen dazu, hebt alles mit den
Fingerspitzen durch, tut etwas
Wasser dazu, damit der Teig
zusammenhält und formt eine
Kugel daraus. Man wickelt sie
in Wachspapier und stellt sie
1 Stunde in den Eisschrank.

Inzwischen setzt man das Kaninchen mit Wasser bedeckt
zum Kochen auf, schöpft den
Schaum ab, gibt 1/2 Teelöffel
Salz dazu und läßt es zugedeckt ca. 40 Minuten köcheln.
Man gießt es ab und läßt es
etwas abkühlen. Der Speck
wird ausgelassen, man tut das
Schweinefleisch hinein, bräunt
Speck und Fleisch hübsch
braun, nimmt es heraus, gießt
das überschüssige Fett ab und
läßt alles etwas abkühlen. Man
entfernt Haut und Knochen
vom Kaninchen, schneidet es
in Würfel, vermischt es mit
dem Fleisch, Speck, restlichen
Salz und Pfeffer, Majoran,
Lorbeer, Petersilie und Eiern.
Nun rollt man die Hälfte des
Teigs so aus, daß er in eine
tiefe, ca. 20cm große Pastetenform paßt, gibt die Fülle
hinein, rollt den restlichen
Teig aus und versiegelt die
Ränder mit dem Unterteig.
Man sticht die Oberseite mit
einer Gabel ein, bepinselt sie
mit dem geschlagenen Eigelb
und bäckt die Pastete 40 Minuten bei 175° im Ofen, bis
die Kruste goldbraun ist. Gut
abkühlen lassen!

Huhn in Weinsoße

Pollo alla montanara

4 Portionen

2 Brathähnchen (je 2
  Pfund), in Portionsstücken
1 TL Salz
  Frisch gemahlener,
  schwarzer Pfeffer
4 EL Mehl
3 EL Olivenöl
1/3 Tasse gekochter Schinken,
  in Streifchen
1 1/4 Tassen trockener Weißwein
1/2 TL Salbei

Man würzt die Stücke mit Salz und Pfeffer und wendet sie in Mehl; bräunt sie in dem erhitzten Öl allseitig gut an, gibt den Schinken dazu und dünstet ihn 2 Minuten. Nun fügt man Wein und Salbei hinzu, stellt alles zugedeckt in einen vorgeheizten Ofen und läßt die Hähnchen darin 40 Minuten bei 190° garen.

Backhendl

4 Portionen

2 Hühnchen (je 2 Pfund), in
  Portionsstücken
½ Tasse Mehl mit
1 TL Salz gewürzt
  Frisch gemahlener, schwarzer Pfeffer
3 leicht geschlagene Eier
1 Tasse feines Paniermehl
1 Tasse Butter
1 Tasse Bratfett
8 Petersilienzweiglein

Man trocknet die Stücke
gründlich, wendet sie in Mehl,
taucht sie dann in die geschlagenen Eier und wendet sie in
Paniermehl. Butter und Bratfett läßt man sehr heiß werden, bäckt darin nur wenige
Stücke auf einmal goldgelb
heraus, tropft sie auf Papiertüchern ab, gibt sie in eine flache
Kasserolle und überbäckt sie
bei 215° 15 Minuten im Ofen.
Man bäckt die Petersilie im
Bratfett knusprig aus und dekoriert damit die Stücke.

Gebratene Gans

8 Portionen

1 junge Gans (9 Pfund)
2 TL Salz
   Frisch gemahlener, schwarzer Pfeffer
2 TL Majoran
4 süße, geschälte, entkernte Äpfel, in Scheiben
8 Zuckerwürfel
   Rote Johannisbeermarmelade

Man reibt Haut und Bauchhöhle der Gans mit Salz und Pfeffer ein, bestreut sie innen mit Majoran, füllt sie mit den Äpfeln und dem Zucker, sticht die Haut mit einer Gabel ein und gibt die Gans auf den Rost einer Bratpfanne. Man gießt 1 Tasse Wasser hinein und brät die Gans unbedeckt 15 Minuten in einem vorgeheizten 230° heißen Ofen, dann bei 175° unter gelegentlichem Begießen (man fügt wenn nötig Wasser hinzu) noch 3 Stunden. Die Gans wird tranchiert und mit roter Johannisbeermarmelade serviert.

Gebratenes Entchen

3–4 Portionen

1 EL Butter
1 Tasse junge Pilze
1 Tasse Weißbrotkrumen
6 EL süße Sahne
2 TL gehackte Petersilie
1 kleine, gehackte Zwiebel
$1/8$ TL Majoran
$1/2$ TL Salz
   Frisch gemahlener, schwarzer Pfeffer
2 leicht geschlagene Eier
1 Entchen (3–4 Pfund)

Die Pilze werden 5 Minuten in der erhitzten Butter gedünstet. Man weicht die Krumen in der Sahne, rührt sie samt Petersilie, Zwiebel, Majoran, Salz, Pfeffer und Eier in die Pfanne. Die Ente wird innen und außen mit Salz und Pfeffer eingerieben und mit der vorbereiteten Masse gefüllt, dann sticht man die Haut ringsum mit einer Gabel ein und brät die Ente auf dem Rost einer Bratpfanne in einem vorgeheizten Ofen 10 Minuten bei 230°, dann 1$1/4$ Stunden bei 175°.

Gemüsegerichte

Gefüllte Zwiebeln

8 Portionen

8 gleichmäßig geformte
   Zwiebeln
2 Scheiben Weißbrot, ohne
   Rinde
$^1/_2$ Tasse heiße Milch
2 EL Butter
$^1/_3$ Tasse mageres Rinderhack
2 Eier
1 EL feingehackte Petersilie
$^1/_3$ Tasse gehackter, gekochter
   Schinken
$^1/_2$ TL Salz
   Frisch gemahlener, schwar-
   zer Pfeffer
2 EL Paniermehl
$^1/_4$ Tasse geriebener Parme-
   sankäse
1 Tasse heiße Rinderbrühe

Man schält die Zwiebeln, ohne
sie zu kappen, köchelt sie 10
Minuten in reichlich Salzwasser, tropft sie ab und läßt sie
in kaltem Wasser abkühlen.
Das Brot wird in der Milch
eingeweicht. Man erhitzt 1
Eßlöffel Butter, dünstet das
Hackfleisch darin, bis es die
Farbe verändert, gießt das
überschüssige Fett ab und gibt
das Hackfleisch in eine Schüssel. Man vermischt es gut mit
dem ausgedrückten Brot,
Schinken, Eiern, Petersilie,
Salz und Pfeffer. Dann schneidet man Deckel von den
Zwiebeln, höhlt sie vorsichtig
aus (0,5 cm dicke Ränder bleiben!), hackt die Zwiebelreste
fein und gibt sie zur Füllmasse.
Man füllt die Zwiebeln damit,
legt sie in eine flache Bratform, streut Käse und Paniermehl darüber, setzt But-
terflöckchen auf, gießt die
heiße Brühe dazu und bäckt
sie bei 175° 30 Minuten im
Ofen. Man serviert sie sofort.

Reis mit Bohnen

4–6 Portionen

        3 EL Öl
        1 feingehackte Zwiebel
        1 zerdrückte Knoblauchzehe
        2 EL Tomatenmark
        2 Tassen Rinderbrühe
        1 Tasse Reis
    250 g junge, grüne, geputzte
        Bohnen, in 2,5-cm-Stük-
        ken
     ¼ TL Salz
        Frisch gemahlener,
        schwarzer Pfeffer
     ¼ TL Majoran
        2 EL geriebener Parmesan-
        käse

Man erhitzt das Öl, dünstet die Zwiebel und den Knoblauch darin weich, rührt Tomatenmark und Brühe dazu, bringt alles zum Kochen, gibt den Reis dazu und rührt mit einer Gabel einmal um. Nun reduziert man die Hitze auf kleinste Flamme, kocht alles zugedeckt 10 Minuten, fügt unter Rühren Bohnen, Salz, Pfeffer und Majoran hinzu und läßt sie zugedeckt 25–30 Minuten weiterkochen, bis der Reis trocken und die Bohnen gar sind. Man hebt den Käse darunter und serviert sofort.

Paprikakartoffeln

Burgunya paprikás

4 Portionen

3 Speckscheiben, in Würfeln
2 gehackte Zwiebeln
1 EL Paprikapulver
4 große, geschälte Kartoffeln, in Würfeln
2 grüne, entkernte Paprika, in dünnen Streifen
4 geschälte, entkernte Tomaten, in Scheiben
375 g geräucherte Würstchen, in Scheiben
Wasser

Man zerläßt den Speck, dünstet darin die Zwiebeln goldbraun, rührt das Paprikapulver dazu und dünstet alles unter Rühren 2 Minuten weiter. Man fügt die Kartoffeln, $4/5$ der Paprikastreifen, Tomaten, Würstchen und Wasser (das die Zutaten knapp bedeckt) hinzu, bringt sie zum Kochen, reduziert die Hitze und köchelt alles unter gelegentlichem Umrühren 20 Minuten. Das Gericht wird abgeschmeckt, mit den restlichen Paprikastreifen verziert und sofort serviert.

Rösti

6 Portionen

1000 g Kartoffeln
4 feingehackte Speckscheiben
1 feingehackte Zwiebel
4 EL Butter
$1/2$ TL Salz
Frisch gemahlener, schwarzer Pfeffer

Die Kartoffeln werden geschält und grob gerieben. Man zerläßt den Speck in zwei Pfannen (20–23 cm), dünstet in jeder Pfanne $1/2$ Zwiebel hellbraun, gibt in jede Pfanne 2 Eßlöffel Butter und läßt sie heiß werden. Nun fügt man die Reibekartoffeln hinzu und drückt sie fest an. Man bestreut sie mit der Hälfte des Salzes und Pfeffers und läßt sie bei Mittelhitze 15 Minuten braten (dazwischen immer fest andrücken!). Die Kuchen werden gewendet, mit dem restlichen Salz und Pfeffer bestreut und 15 Minuten auf der anderen Seite gebraten. Man serviert sie in den Pfannen oder in Dreiecksportionen zu Zürcher Geschnetzeltem (Rezept S. 73).

Paprika-Tomaten-gemüse

4 Portionen

250 g Speck, in Würfeln
2 Zwiebeln, in Ringen
1 zerdrückte Knoblauchzehe
4 grüne oder rote, entkernte Paprika, in Streifen
500 g geschälte, entkernte Tomaten, in Achteln
1/4 TL Salz
Frisch gemahlener, schwarzer Pfeffer
1/4 TL Thymian
1/2 Tasse herber Weißwein
1 Tasse Weichkäse (z.B. Port Salut), in Würfeln

Man zerläßt den Speck, gießt bis auf 2 Eßlöffel alles Fett ab, dünstet die Zwiebeln und den Knoblauch 5 Minuten darin, dann die Paprika und Tomaten unter Rühren 20 Minuten bei schwacher Hitze; man würzt mit Salz, Pfeffer und Thymian und köchelt 5 Minuten weiter. Nun fügt man den Käse hinzu, nimmt, wenn er zu schmelzen beginnt, den Topf vom Feuer und bringt ihn auf den Tisch. Dazu reicht man Schwarzbrot.

Krautstrudel

4–6 Portionen

Teig:
- 2 Tassen Mehl
- $^1/_2$ TL Salz
- 1 Ei
- 1 EL zerlassene Butter
- 6–8 EL Wasser

Füllung:
- 125 g Speck, in Würfeln
- 1 feingehackte Zwiebel
- 1 TL Paprikapulver
- 1 kleiner Weißkohl, in Streifen
- $^1/_2$ Tasse saure Sahne
- $^1/_2$ TL Salz
- Frisch gemahlener, schwarzer Pfeffer
- $^1/_4$ Tasse feingehackte, rote Paprika
- 4 EL zerlassene Butter

Man siebt Mehl und Salz auf ein Brett, macht eine Mulde, vermischt Ei, Butter und 6 Eßlöffel Wasser und gießt sie hinein. Von der Mitte nach außen zu knetet man den Teig hübsch glatt (Wasser nur dann zufügen, wenn der Teig nicht zusammenhält!). Man rollt ihn ganz dünn zu einem Rechteck aus, legt ihn auf ein bemehltes Tuch, bestreicht ihn mit zerlassener Butter und läßt ihn zugedeckt 20 Minuten stehen. Für die Füllung zerläßt man den Speck in einer Pfanne, dünstet die Zwiebel weich, dann die Paprika 1 Minute, fügt den Kohl hinzu und dünstet ihn bei schwacher Hitze 10 Minuten (ab und zu umrühren!). Man nimmt alles vom Feuer, rührt die saure Sahne dazu, würzt mit Salz und Pfeffer, läßt alles ganz abkühlen, bestreicht damit den Teig und streut Paprika obenauf. Mit Hilfe des Tuchs rollt man den Teig zusammen, legt die Rolle auf ein geöltes Backblech, bestreicht sie mit Butter, sticht sie mit einer Gabel ein und bäckt sie in einem 190° heißen Ofen unter gelegentlichem Bestreichen mit Butter 30 Minuten.

Karfiol Wiener Art

4–6 Portionen

500 g Kalbsbries
5 Sardellen
1 mittelgroßer Blumenkohl
2½ EL Butter
½ TL Salz
    Frisch gemahlener,
    schwarzer Pfeffer
1 EL Mehl
4 EL Milch
2 leicht geschlagene Eigelb
4 EL süße Sahne
1½ EL feingehackte Petersilie
2 EL geriebener Parmesan-
    käse
3 EL Paniermehl

Man läßt das Bries mit kochendem Wasser bedeckt 5 Minuten stehen, spült es unter fließend kaltem Wasser, häutet es und schneidet es in kleine Würfel. Die Sardellen werden gewässert, abgetropft und fein gehackt. Man kocht den Blumenkohl in Salzwasser 15 Minuten, tropft ihn ab und stellt ihn warm. Das Bries wird nun in 1½ Eßlöffeln erhitzter Butter 4 Minuten gedünstet, mit Salz und Pfeffer gewürzt und vom Herd genommen. Man erhitzt 1 Eßlöffel Butter in einer Pfanne, verrührt darin das Mehl, gibt die Milch nach und nach unter Rühren hinzu und dickt die Soße ein. Man nimmt sie vom Feuer, rührt die Eigelb und die Sahne dazu und erhitzt sie unter Rühren 3 Minuten (nicht kochen!). Nun fügt man Bries und Sardellen hinzu, legt den Blumenkohl in eine gebutterte Kasserolle, übergießt ihn mit der Soße und einem Gemisch aus Paniermehl, Petersilie und Parmesan, setzt Butterflocken auf und bäckt ihn in einem vorgeheizten Ofen bei 215° ca. 10 Minuten, bis er bräunt. Man serviert ihn heiß.

Schaffhauser Bölletünne

4–6 Portionen

1/2 Portion Pastetenteig (Rezept S. 91)
3 EL Butter
750 g Zwiebeln, in dünnen Scheiben
1 EL Mehl
4 Eier
1 1/2 Tassen süße Sahne
1/2 TL Salz
1/4 TL zerstoßener Kümmel

Mit dem ausgerollten Teig belegt man eine Pastetenform (23 cm Durchmesser). Die Zwiebeln werden in der erhitzten Butter weichgedünstet. Man verrührt mit einem Schneebesen Mehl, Eier, Sahne, Salz und Kümmel in einer Schüssel, fügt unter Rühren (mit einem Holzlöffel) die Zwiebeln hinzu, gießt die Füllung in die Pastetenform und bäckt die Pastete 40 Minuten in einem 175° heißen Ofen, bis die Oberfläche hübsch bräunt. Man schneidet Tortenstücke heraus und serviert sie heiß.

Lauch à la Vaud

Papet Vaudois

4 Portionen

4 große, geschälte Kartoffeln, in Scheiben
4 große Lauchstangen, in Ringen
1 Tasse Rinderbrühe
1 EL Mehl
2 EL Milch
1 TL Salz
Frisch gemahlener, schwarzer Pfeffer
1/4 TL getrocknetes Basilikum
1/4 TL getrockneter Thymian
1/8 TL Muskatpulver
250 g Speck, in Scheiben
250 g Bratwurst, am Stück

Abwechselnd legt man Kartoffeln- und Lauchlagen in eine Kasserolle, fügt die Brühe hinzu und köchelt alles zugedeckt 40–45 Minuten. Man verrührt Mehl und Milch, gießt sie in die Kasserolle, würzt mit Salz, Pfeffer, Basilikum, Thymian und Muskat, legt die Speckscheiben (vorher 10 Minuten in Wasser köcheln!) darauf und darüber die Wurst. Man läßt alles zugedeckt 10 Minuten köcheln. Vor dem Servieren schneidet man die Wurst in Scheiben und legt sie in die Mitte des Gerichts.

Gefüllte Paprikaschoten

4 Portionen

4 grüne oder rote Paprika
2 hartgekochte, feingehackte Eier
125 g Schinken, in feinen Streifen
1 Ei
2 mittelgroße, gekochte, zerdrückte Kartoffeln
3 EL geriebener Parmesankäse
4 EL Olivenöl
$^{1}/_{2}$ TL Salz
Frisch gemahlener, schwarzer Pfeffer
1 feingehackte Zwiebel
1 EL Mehl
1 EL Paprikapulver
$^{1}/_{2}$ Tasse Wasser
2 EL Weinessig
2 EL Tomatenmark
1 TL Zucker

Man schneidet Deckel von den Paprika, legt sie beiseite und entfernt Membranen und Kerne. In einer Schüssel vermischt man gekochte Eier, Schinken, rohes Ei, Kartoffeln, Käse, 2 Eßlöffel Öl, $^{1}/_{4}$ Teelöffel Salz und Pfeffer; füllt damit die Paprika und legt die Deckel auf. Man erhitzt das restliche Öl in einer Kasserolle, dünstet darin die Zwiebel goldgelb, rührt Mehl und Paprikapulver ein und dünstet es 2 Minuten. Nun dickt man die Soße unter Zugabe von Wasser ein, fügt Essig, Tomatenmark, Zucker, das restliche Salz und den Pfeffer hinzu, köchelt alles unter Rühren 10 Minuten, legt die gefüllten Paprika hinein und läßt alles zugedeckt bei schwacher Hitze noch 30 Minuten köcheln.

Auberginensalat

Salate de vinete

6 Portionen

2 Auberginen (ca. 1000 g)
6 EL Öl
2 EL Essig
1 TL Salz
  Frisch gemahlener, schwarzer Pfeffer
3 zerdrückte Knoblauchzehen

Die Auberginen werden im
vorgeheizten Ofen bei 175°
1 Stunde geröstet, bis die Haut
schrumpelt, herausgenommen
und etwas abgekühlt. Man
schneidet sie längsseits auf,
entfernt das Fruchtfleisch, zerdrückt es und verrührt es gut
mit Öl und Essig, Salz, Pfeffer
und Knoblauch und stellt alles
vor dem Servieren 2 Stunden
in den Eisschrank.

Maisporridge

Mamaliga

4 Portionen

3½ Tassen Wasser
1 TL Salz
1 Tasse Maismehl
2 EL Butter
½ Tasse saure Sahne
6–8 Scheiben griechischer
    Feta- oder rumänischer
    Brynzakäse, nach Wunsch
4 pochierte Eier

Man setzt das Wasser zum
Kochen auf, fügt Salz und unter Rühren nach und nach das
Maismehl und die Butter hinzu, kocht alles 15 Minuten, bis
das Wasser verschwunden ist
und die Mischung steif wird.
Die Masse streicht man in eine
kleine, gebutterte Backform,
gibt die saure Sahne darüber
und bäckt alles bei 230° in einem vorgeheizten Ofen in 7–8
Minuten goldgelb. Man serviert das Gericht heiß mit Kä-
sescheiben und pochierten Eiern.

Desserts und Kuchen

In Österreich wie in Ungarn hat die Backkunst Perfektion erreicht. Am schwierigsten zuzubereiten ist ein wirklich guter Strudel aus papierdünnem, goldgelbem Pastetenteig mit einer Apfel-, Quark- oder Nußfüllung. Ein Urteil darüber zu fällen, ob der österreichische oder der ungarische Strudel – er wird dort »Rétes« genannt – besser sei, ist unmöglich. Man braucht Jahre, um zu lernen, wie man einen Strudelteig herstellt. Der Teig muß zuerst zu einem elastischen Ball geknetet werden, dann wird er mehrere Male kräftig auf den Tisch geworfen. Schließlich muß er fast gummiartig sein. Auf dem Tisch liegt ein mit Mehl bestäubtes, sauberes Tuch, auf dem der Teig sehr dünn ausgerollt wird. Mit der Hand wird er noch dünner ausgezogen. Man muß dabei mit äußerster Vorsicht zu Werke gehen, damit der Teig nicht reißt. Am Ende soll man eine Zeitung durch den Teig hindurch lesen können.

Als sich 1815 die Monarchen und Diplomaten ganz Europas in Wien versammelten, um nach Napoleons Niederlage die Landkarte Europas neu aufzuteilen, engagierte der österreichische Minister Metternich einen vielversprechenden jungen Koch und Konditor namens Franz Sacher. In diesen Zeiten hielten die Diplomaten genausoviel von Festen und

großen Essen wie von Konferenzen, und beim Wiener Kongreß verbrachte man mehr Zeit auf dem Tanzparkett als im Konferenzsaal. Einem der Metternichschen Bälle widmete Sacher eine großartige Schöpfung: schlicht und einfach einen Schokoladenkuchen, gefüllt mit Aprikosenmarmelade und versehen mit Schokoladenglasur. Dieses üppige Dessert wurde später Sachertorte genannt. Als Sacher älter und klüger wurde, verließ er die Metternichschen Küchen und eröffnete ein Restaurant hinter dem Wiener Opernhaus. Dort wurde dann seine Schöpfung berühmt, größtenteils durch das Bemü-

hen seiner Schwiegertochter Anna Sacher, die das Restaurant jahrelang führte und die Aristokratie des Österreich-Ungarischen Reiches belieferte. Als ihr Konditormeister sie verließ und bei der Konkurrenz arbeitete, zögerte Anna keine Sekunde, brachte die Angelegenheit vor Gericht und gewann den Prozeß. Seither darf ein Gebäck, das den Namen Sachertorte trägt, nur im Restaurant Sacher gebacken werden. Die Torten werden in Holzschachteln verpackt in alle Teile der Welt verschickt, an Leute, die ein gutes Leben schätzen, und wissen, was gute Konditorwaren sind.

Rezept S. 108   Linzer Torte

Sachertorte

Kuchen:
115 g halbbittere Schokolade
 ½ Tasse Butter
 1 Tasse Zucker
 1 TL Vanille
 6 Eier, Eiweiß und Eigelb
   getrennt
1¼ Tassen Mehl

Füllung:
 ½ Tasse Aprikosenkonfitüre
Glasur:
140 g halbbittere Schokolade
 ¼ Tasse Wasser
 2 Tassen Puderzucker

Man gibt die Schokolade in ein Pfännchen, läßt sie unter Rühren über schwacher Hitze schmelzen und stellt sie zum Abkühlen beiseite. Die Butter rührt man kremig, fügt unter Rühren nach und nach den Zucker hinzu, bis die Mischung schaumig ist, rührt die geschmolzene Schokolade und die Vanille dazu und ein Ei nach dem anderen. Die Eiweiß schlägt man steif und zieht $1/4$ davon unter den Teig. Man gibt das restliche Eiweiß löffelweise auf den Teig, stäubt das Mehl darüber, hebt vorsichtig alles durch, bis das Mehl eingearbeitet ist, gibt den Teig in eine gut gebutterte Springform (ca. 23 cm) und bäckt ihn 1 Stunde in einem 175° heißen Ofen. Den Kuchen läßt man in der Form abühlen und schneidet ihn dann in zwei Lagen. Man schmilzt die Konfitüre bei schwacher Hitze, drückt sie durch ein Sieb, bestreicht damit die eine Lage, legt die zweite darüber, bestreicht auch diese und die Ränder mit der restlichen Konfitüre. Für die Glasur gibt man Schokolade und Wasser in einen Topf, rührt sie über schwacher Hitze, bis die Schokolade schmilzt, gibt nach und nach den Zucker dazu, bis die Masse glatt und glänzend ist und bestreicht damit Seiten und Deckel der Torte, solange sie noch warm ist.

Linzer Torte

12 Portionen

Teig:

1 Tasse weiche Butter
1 $2/3$ Tassen Mehl
$1/2$ Tasse feingemahlene Mandeln
$1/2$ Tasse Brösel
2 TL Zimtpulver
1 TL feingemahlene Gewürznelke
Geriebene Schale von $1/2$ Zitrone
Geriebene Schale von $1/2$ Orange
1 EL Rum
$1/4$ TL Salz

Füllung:

1 Tasse Himbeerkonfitüre
1 leicht geschlagenes Ei

Man verrührt alle Zutaten für den Teig in einer Schüssel zu einer glatten Masse, rollt $3/4$ des Teigs aus und belegt damit eine gebutterte Springform (Durchmesser ca. 23 cm). Der Teigrand soll etwa 2 cm hoch sein. Man bestreicht den Teig mit der Konfitüre, rollt den Teigrest aus, schneidet ihn in Streifen, legt sie kreuzweise auf die Füllung, bepinselt sie mit Ei und bäckt die Torte 1 Stunde lang bei 175° im vorgeheizten Ofen. Man läßt sie in der Form abkühlen.

Honigleckerli

48 Stück, 5 cm groß

    1 Tasse gemahlene Hasel-
      nüsse (115 g)
    1 Tasse gemahlene Mandeln
      (115 g)
    1 Tasse Zucker
    2 EL Honig
    3 Eiweiß
    1/2 Tasse Mehl
      Geriebene Schale von
      1 Orange
    8 EL Puderzucker
    2 TL Zitronensaft

Man mischt Haselnüsse, Mandeln, Zucker, Honig, 2 Eiweiß,
Mehl und Orangenschale, knetet einen glatten Teig daraus
und stellt ihn 1 Stunde in den
Eisschrank. Man bestäubt ein
Brett mit Puderzucker und
rollt den Teig in ein 0,5 cm
dickes, großes Rechteck aus,
schneidet es in Vierecke und
legt sie auf ein gebuttertes und
bemehltes Backblech. Die
Plätzchen backt man 20–35
Minuten bei 150° in einem
vorgeheizten Ofen hellbraun,
legt sie sofort auf einen Rost,
mischt den Puderzucker mit
dem restlichen Eiweiß und Zitronensaft und bestreicht damit
die Plätzchen, solange sie noch
warm sind. Sie schmecken besser, wenn man sie 2–3 Tage
»reifen« läßt.

Müesli

4 Portionen

    4 EL Haferflocken
    1 Tasse Wasser
    4 EL Zitronensaft
    4 EL Kondensmilch
    6 mittelgroße, ungeschälte, ge-
      riebene Äpfel
    4 EL gehackte Haselnüsse
      oder Mandeln

Man weicht die Haferflocken
12 Stunden im Wasser, fügt
Zitronensaft, Kondensmilch
und geriebene Äpfel hinzu und
streut Mandeln oder Nüsse
darüber.
Von dieser Grundform gibt es
viele Abwandlungen: Anstelle
der Äpfel kann man z.B. Erd-
beeren oder andere Beeren,
feingehackte Aprikosen oder
Pflaumen verwenden. Gute
Kombinationen sind auch Apfelscheiben mit Bananen oder
Apfelscheiben mit Orangen
oder Mandarinorangen. Die
Kondensmilch kann durch 3/4
Tasse Joghurt und 4 Eßlöffel
Honig ersetzt werden. Anstelle
der Haferflocken können auch
andere Getreideprodukte verwendet werden. Müesli ist ei-
gentlich kein Dessert. In der
Schweiz ist es als Frühstück
und als Imbiß beliebt.

Schneenockerln

6 Portionen

4 Eiweiß
$\frac{1}{2}$ Tasse Zucker
2 Tassen Milch
1 Tasse Wasser
6 EL Zucker
2 EL Mehl
2 geschlagene Eigelb
1 TL Vanille

Man schlägt die Eiweiß zu steifem Schnee und gibt nach und nach $\frac{1}{2}$ Tasse Zucker dazu. Nun mischt man Milch, Wasser und 6 Eßlöffel Zucker in einer flachen Pfanne, bringt sie unter gelegentlichem Rühren zum Köcheln, formt aus dem Eischnee mit 2 Löffeln »Schneebällchen« und pochiert sie in der sanft köchelnden Milch 1–2 Minuten. Man wendet sie, pochiert sie noch 1 Minute, hebt sie mit einem Schlitzlöffel heraus und tropft sie auf Papiertüchern ab. $\frac{1}{4}$ Tasse der heißen Milch gibt man zum Mehl, rührt alles glatt, rührt noch $\frac{1}{4}$ Tasse Milch und die Eigelb zur Mischung und rührt alles zur restlichen Milch in der Pfanne, die man unter ständigem Rühren auf schwacher Flamme eindicken läßt. Man nimmt sie vom Herd, rührt die Vanille dazu, läßt alles abkühlen, verteilt die Krem in Portionsteller und läßt obenauf die Schneebällchen schwimmen.

Pflaumenknödel

20 Knödel

2½ Tassen gesiebtes Mehl
½ TL Salz
4 EL Butter
2 leicht geschlagene Eier
⅓–½ Tasse Milch
20 frische, entsteinte Pflaumen
20 Zuckerwürfel
2 EL Butter
1 Tasse Paniermehl
2 EL Zucker
Puderzucker

Man mischt Mehl und Salz in einer Schüssel, setzt die Butter in Flöckchen darauf und gibt die Eier und gerade genug Wasser dazu, damit ein fester Teig entsteht. Man rollt ihn auf bemehltem Brett aus und schneidet 20 Quadrate daraus. In das Innere jeder Pflaume gibt man einen Zuckerwürfel und wickelt in jedes Quadrat eine Pflaume. Man versiegelt die Kanten mit feuchten Fingerspitzen, rollt die Knödel in den Händen glatt und kocht sie – nur wenige auf einmal – 10 Minuten lang in sanft sprudelndem Salzwasser. Man hebt sie mit einem Schlitzlöffel heraus, läßt sie abtropfen, wendet sie in dem in Butter und Zucker gerösteten Paniermehl, dann in Puderzucker und serviert sie sofort.

Dobostorte

Kuchen:
    4 Eier
    $^1/_2$ Tasse Zucker
    $^3/_4$ Tasse Mehl
    1 Prise Salz
Füllung:
    $^1/_2$ Tasse Zucker
    6 Eigelb
250 g süße Butter
170 g geschmolzene Halbbitterschokolade
Karamel:
    $^1/_2$ Tasse Zucker
    $^1/_4$ Tasse Wasser

Man verrührt die Eier mit dem Zucker zu einer steifen Masse (nicht zu lange schlagen!), siebt Mehl und Salz darüber und hebt alles vorsichtig unter die Eimasse. Man buttert und mehlt die *Außenböden* von 5 Kuchenblechen (Durchmesser 20 cm), verteilt den Teig darauf, streicht ihn gleichmäßig glatt und bäckt die Lagen bei 190° etwa 7 Minuten im Ofen (nicht zu lange backen!). Man hebt die dünnen Lagen vorsichtig ab und läßt sie auf einem Rost abkühlen. Für die Füllung vermischt man Zucker und Eigelb in einem kleinen, schweren Topf, kocht sie bei schwacher Hitze unter ständigem Rühren mit einem Schneebesen kremartig ein und läßt die Krem auf Zimmertemperatur abkühlen. Man schlägt die Butter sahnig und rührt die Eimischung und

Schokolade nach und nach dazu. Die schönste Kuchenlage legt man auf ein geöltes Blech. Zucker und Wasser läßt man in einer Pfanne ohne Rühren zu einer braungelben Mischung einköcheln (vorsichtig! Karamel darf nicht anbrennen!). Man setzt den Boden dieser Pfanne in kaltes Wasser, um den Kochprozeß zu beenden, und gibt dann sofort den Karamel gleichmäßig über die Lage auf dem Blech. Wenn der Karamel fast stockt, markiert man mit einem scharfen Messer 8 Tortenstücke. Nun verstreicht man den größten Teil der Füllung gleichmäßig auf die vier anderen Lagen und setzt sie übereinander; den Abschluß bildet die Karamellage. Mit der restlichen Füllung bestreicht man den Rand. Die Torte wird am besten am Vortag zubereitet.
Hinweis: Sind keine 5 Bleche vorhanden, backt man die Lagen nacheinander auf einem Blech und läßt indessen den Teig bei Zimmertemperatur stehen.

Streuselkuchen

6–8 Portionen

Teig:
- 1/2 Tasse lauwarme Milch
- 1 Tütchen Trockenhefe
- 1/2 TL Salz
- 2 EL Zucker
- 2 geschlagene Eier
  Geriebene Schale von
  1/2 Zitrone
- 6 EL zerlassene Butter
- 2 1/2 Tassen Mehl

Streusel:
- 1 Tasse Zucker
- 3/4 Tasse weiche Butter
- 1 TL Zimt
- 6 EL Mehl

Man verrührt Milch, Hefe, Salz und Zucker gut miteinander, stellt alles 10 Minuten beiseite, fügt dann die Eier und Zitronenschale hinzu, rührt Butter und Mehl dazu und knetet einen glatten und elastischen Teig daraus. In eine gebutterte Schüssel läßt man ihn an einem warmen Platz zugedeckt in 2 Stunden bis zum doppelten Volumen aufgehen. Man knetet ihn 2 Minuten durch, rollt ihn dann zu einem 0,5 cm dicken Rechteck aus, legt ihn auf ein gebuttertes Backblech und läßt ihn 1/2 Stunde gehen. Zucker, Butter, Zimt und Mehl werden zu einer krümeligen Masse gemischt und auf den Teig gestreut. Der Kuchen wird in einem vorgeheizten Ofen bei 190° 40 Minuten gebacken.

Mohr im Hemd

6 Portionen

- 9 EL Butter
- 10 EL Zucker
- 8 Scheiben altbackenes
  Weißbrot, ohne Rinde
- 10 EL süße Sahne
- 9 Eier
- 4 Eigelb
- 1 Päckchen blanchierte,
  feingemahlene Mandeln
  (170 g)
- 115 g geschmolzene, halbbittere Schokolade
- 1 Tasse süße Sahne
- 1/4 Tasse Zucker

Man rührt die Butter kremig und fügt unter Rühren nach und nach den Zucker hinzu. Das Brot weicht man im Rahm, zerdrückt es und rührt es zur Buttermischung. Man fügt Eier und Eigelb nacheinander hinzu, rührt jedesmal gut durch, zieht Mandeln und geschmolzene Schokolade gleichmäßig darunter. Die Masse gibt man nun in eine gebutterte, tiefe Kuchenform (2 Liter Fassungsvermögen), setzt diese bis zur Hälfte in einen Topf mit köchelndem Wasser, deckt ihn zu und dämpft den Kuchen 45 Minuten. Dann läßt man die Form ganz abkühlen, stülpt den Kuchen auf eine Platte und stellt ihn 1 Stunde kalt. Vor dem Servieren verziert man ihn mit der geschlagenen Sahne.

Thurgauer Apfeltorte

$^1/_2$ Tasse Butter
$^2/_3$ Tasse Zucker
2 Eier, Eigelb und Eiweiß getrennt
Saft von $^1/_2$ Zitrone
2 Tassen Mehl
2 TL Backpulver
$^1/_4$ TL Salz
4 geschälte, entkernte, halbierte Äpfel
2 EL Zucker

Man rührt die Butter in einer Schüssel kremig, gibt den Zucker dazu, rührt die Masse schaumig, gibt die Eigelb nacheinander dazu, rührt jeweils gut durch und zieht den Zitronensaft darunter. Die Eiweiß werden steif geschlagen. Dann siebt man das Mehl mit dem Backpulver und Salz auf einen Teller und gibt abwechselnd Mehl und Eiweiß zur Eigelbmischung. Man hebt alles kurz durch, verteilt den Teig in einer gebutterten Springform (23 cm), schneidet die Apfelhälften fächerartig ein (Ränder und Grundfläche bleiben intakt) und legt sie auf den Teig. Darüber streut man Zucker, und bäckt den Kuchen etwa 50 Minuten in einem 175° heißen Ofen.

Buchteln

4 Dutzend

Teig:

1 Tütchen Trockenhefe
¹/₄ Tasse lauwarmes Wasser
¹/₄ Tasse Zucker
¹/₄ Tasse Milch
¹/₂ Tasse Butter
4 Tassen Mehl
¹/₄ TL Salz
3 ganze Eier
5 leicht geschlagene Eigelb
¹/₂ TL Vanille

Füllung:

¹/₂ Tasse gemahlene Haselnüsse
¹/₂ Tasse gemahlene Walnüsse
2 EL Paniermehl
1 EL geschmolzene Butter
¹/₂ Tasse süße Sahne
¹/₂ Tasse Zucker
¹/₂ TL Vanille
2 EL geschmolzene Butter

Man rührt erst die Hefe und dann den Zucker in das lauwarme Wasser und läßt alles an einem warmen Platz 5–6 Minuten stehen. In die erhitzte Milch rührt man die Butter, bis sie zergeht, läßt die Milch abkühlen und vermengt sie dann mit der Hefemischung. Man siebt Mehl und Salz in eine Schüssel, drückt eine Mulde hinein, gibt in diese Mulde die Hefemischung, Eier, Eigelb und Vanille, verarbeitet alles zu einem glatten Teig, formt eine Kugel daraus, legt sie in eine gebutterte Schüssel und läßt sie zugedeckt an einem warmen Platz 1 Stunde lang bis zum doppelten Volumen aufgehen. Für die Füllung mischt man Nüsse, Paniermehl, Butter, Sahne, Zucker und Vanille zu einer

Paste und stellt sie bis zum Gebrauch in den Eisschrank. Man knetet den Teig 5 Minuten durch, rollt ihn zu einem 0,5 cm dicken Rechteck aus, schneidet es in 7,5 cm große Rechtecke und bestreicht sie mit der Nußfüllung. Die Rechtecke schließt man über der Füllung, zieht sie zu Halbmonden zurecht, setzt sie auf ein gebuttertes Backblech und bepinselt sie mit zerlassener Butter. Man deckt ein Tuch darüber, läßt sie 1 Stunde gehen und bäckt sie dann in einem vorgeheizten Ofen bei 175° in 15–20 Minuten goldbraun.

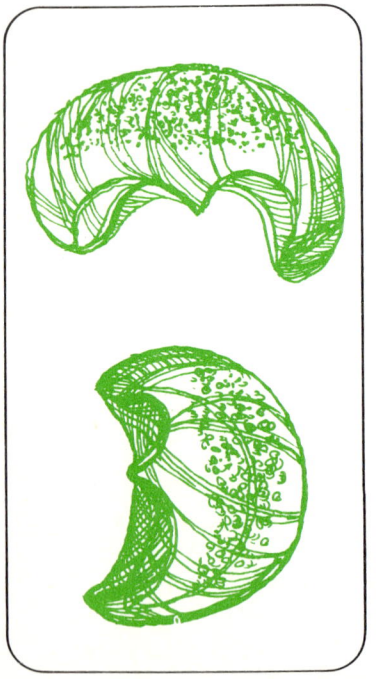

Ungarische Pfannkuchen

Palacsinta

20 Pfannkuchen (13–15 cm Durchmesser)

1¼ Tassen Mehl
2 Eier
1 Eigelb
¾ Tasse Milch
½ Tasse Wasser
1 EL Zucker
1 Prise Salz
2 EL zerlassene Butter

Man gibt Mehl, Salz, Zucker, Eier, Eigelb, Milch, Wasser und 1 Eßlöffel Butter in einen Mixer und rührt den Teig bei hoher Geschwindigkeit glatt. Dann erhitzt man in einer kleinen Pfanne die restliche Butter, bis der Fettschaum zusammenfällt, kippt das Fett ab, gibt 1 Eßlöffel Teig hinein und schwenkt die Pfanne schnell, bis sich der Teig gleichmäßig verteilt. Man bäckt die Pfannkuchen bei starker Hitze mehrere Sekunden lang goldbraun, wendet sie und bäckt sie wenige Sekunden auf der anderen Seite. Die Pfannkuchen werden mit Marmelade oder Honig und Rosinen bestrichen, zusammengerollt und sofort serviert.

Mohnstrudel

Makosrétes

4 Portionen

½ Portion Strudelteig (Rezept S. 99)
½ Tasse Milch
1 ½ Tassen gemahlener Mohnsamen
4 EL Zucker
½ Tasse Rosinen
½ Tasse Aprikosenkonfitüre
4 EL zerlassene Butter

Man bereitet den Teig nach Vorschrift zu und rollt ihn aus. Milch, Mohn und Zucker läßt man kurz aufkochen und dann 15 Minuten köcheln. Man rührt die Rosinen und Konfitüre dazu und läßt die Mischung abkühlen. Die Füllung streicht man auf den Teig, rollt ihn mit Hilfe des untergelegten Tuchs zusammen, sticht ihn mit einer Gabel ein, bestreicht ihn mit der Butter und bäckt ihn 40 Minuten bei 175° im Ofen. Vor dem Servieren läßt man ihn abkühlen.

Kastanienpüree

Gesztenyepure

4 Portionen

1 Dose Kastanien (ca. 420 g)
¼ Tasse Milch
¼ Tasse Zucker
½ TL Vanille
1 EL dunkler Rum
¼ Tasse Schlagsahne

Man drückt die Kastanien durch ein Sieb. Milch und Zucker erhitzt und verrührt man und fügt Milchmischung, Vanille und Rum zu den Kastanien, mischt alles gut durch und stellt die Schüssel 2–3 Stunden kalt. Dann stülpt man das Püree auf eine Platte und garniert es mit Schlagsahne.

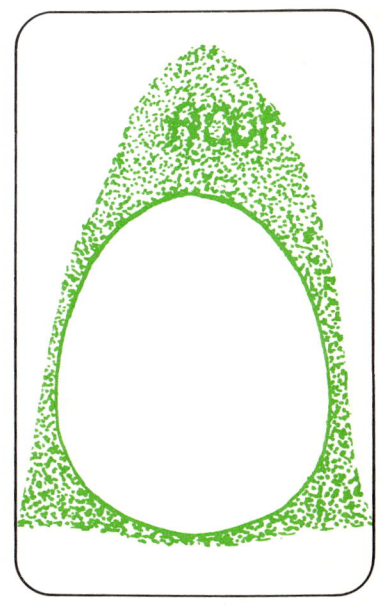

Apfelstrudel

8 Portionen

- ½ Portion Strudelteig (Rezept S. 99)
- 3 große Äpfel
- ½ Tasse kernlose Rosinen
- ½ Tasse gehackte Walnüsse
  Geriebene Schale von ½ Zitrone
- ¾ Tasse Zucker
- ¼ Tasse zerlassene Butter
  Puderzucker

Man bereitet den Teig nach Vorschrift zu und rollt ihn aus. Die Äpfel werden geschält, in feine Scheiben geschnitten, mit Rosinen, Nüssen, Zitronenschale und Zucker in einer Schüssel gemischt und auf dem Teig verteilt. Man träufelt etwas Butter darüber, rollt den Teig mit Hilfe des untergelegten Tuchs zusammen, legt die Rolle mit der Kantenseite nach unten auf ein Backblech, sticht sie mit der Gabel ein, bestreicht sie mit der restlichen Butter und bäckt sie 45 Minuten bei 175° im Ofen. Man läßt sie abkühlen und bestäubt sie mit Puderzucker.

Gugelhupf

10 Portionen

½ Tasse Butter
¾ Tasse Zucker
4 Eier
2½ Tassen Mehl
¼ TL Salz
2½ TL Backpulver
   Geriebene Schale von
   1 Zitrone
6 EL süße Sahne
85 g halbbittere, geriebene
   Schokolade
¼ Tasse gemahlene Mandeln
½ Tasse Puderzucker

Man rührt Butter und Zucker kremig, rührt die Eier nacheinander dazu und zieht Mehl, Backpulver und Salz darunter. Man gibt die Zitronenschale und 3 EL Sahne zur einen Hälfte des Teigs, die geriebene Schokolade und die restliche Sahne zur anderen. Man buttert eine Gugelhupfform, bestreut sie innen gleichmäßig mit den Mandeln, drückt diese sanft in die Formvertiefungen, gießt ⅓ der Zitronenmischung darüber, dann die ganze Schokoladenmischung und schließt mit der restlichen Zitronenmischung ab. Den Kuchen bäckt man 40–45 Minuten in einem vorgeheizten Ofen bei 175°, nimmt ihn aus der Form und bestreut ihn, solange er noch warm ist, mit Puderzucker.

Urner Bauernpastete

6–8 Portionen

   4 Tassen Mehl
225 g Butter, in kleinen Stück-
      chen
   1 Tasse Zucker
   1 TL Salz
   3 EL Kirschschnaps
   1 Eigelb
   1 TL Backpulver
½ Tasse Trauben- oder Ap-
      felsaft
1½ Tassen Rosinen
   1 TL Zimtpulver
   1 geschlagenes Eigelb

Man gibt das Mehl in eine
Schüssel, fügt Butterstücke,
Zucker, Salz, Schnaps, Eigelb
und Backpulver hinzu, mischt
alle Zutaten mit den Fingerspitzen zu einem glatten Teig,
stellt ihn 1 Stunde kalt, halbiert ihn und rollt beide Teile
zu 20cm großen Quadraten
aus. Der Fruchtsaft wird mit
den Rosinen erhitzt und die
Flüssigkeit eingekocht. Man
legt ein Quadrat auf ein gebuttertes Blech, verteilt die Rosinen darauf, bestreut es mit
Zimt und legt das andere
Rechteck darüber. Die Ränder
versiegelt man gut, bestreicht
die Oberfläche mit dem geschlagenen Eigelb und bäckt
die Pastete 45 Minuten in einem vorgeheizten Ofen bei
175°.

Apfelpastete

   6 Portionen

Pastete:
2½ Tassen Allzweckmehl
½ TL Salz
   6 EL Butter, in Flocken
   6 EL Margarine
   6 EL kaltes Wasser
Füllung:
½ Tasse Aprikosenkonfitüre
½ Tasse gemahlene Mandeln
   6 mittelgroße gehackte
      Kochäpfel
⅓ Tasse Zucker
      Geriebene Schale und Saft
      von 1 Zitrone
   1 geschlagenes Eigelb
   2 EL Puderzucker

Man vermengt mit den Fingerspitzen Mehl, Salz, Butter und
Margarine, gibt das Wasser
dazu, rührt die Masse mit einer Gabel zu einem glatten
Teig und stellt ihn 20 Min.
kalt. Die Hälfte rollt man
dann für eine Pastetenform
(20 cm) aus, bestreicht sie mit
Konfitüre, streut die Mandeln
auf und gibt darauf die Mischung aus Äpfeln, Zucker,
Zitronensaft und -schale. Die
ausgerollte zweite Hälfte des
Teigs legt man darüber, versiegelt die Ränder, sticht sie
ein, bestreicht sie mit Eigelb
und bäckt alles 45 Minuten in
einem vorgeheizten Ofen bei
190°. Man streut Puderzucker
auf und serviert die Pastete
heiß oder kalt.

Zürcher Pfarrhaustorte

6 Portionen

1 Tasse Mehl
1/2 TL Salz
5 EL Butter, in kleinen Stückchen
2–3 EL Wasser
1 TL Essig
1/2 Tasse gemahlene Mandeln oder Haselnüsse
1 Ei
1 TL Zimtpulver
5 EL Zucker
1 geriebener Apfel
4 geschälte, entkernte Äpfel, in Ringen
1/2 Tasse Brombeermarmelade
1 EL Wasser

Das Mehl gibt man in eine Schüssel, fügt Salz und Butter hinzu und arbeitet die Butter mit den Fingerspitzen ins Mehl. Man rührt Essig und Wasser eßlöffelweise dazu, mischt einen weichen Teig daraus und stellt ihn 1 Stunde kalt. Auf leicht gemehltem Brett rollt man ihn für eine 23 cm große Pastetenform passend aus, dann mischt man Mandeln, Ei, Zimt, Zucker und geriebenen Apfel, gibt sie über den Teig, deckt alles mit Apfelscheiben ab, erhitzt die Brombeermarmelade mit 1 Eßlöffel Wasser und gießt sie über die Äpfel. Man bäckt die Torte 40–45 Minuten in einem vorgeheizten Ofen bei 175°.

Käsepastete

Túróslepény

500 g Hüttenkäse
6 EL Zucker
1 TL Vanille
Saft und geriebene Schale von 1 Zitrone
5 Eier, Eiweiß und Eigelb getrennt
1 Tasse Rosinen
1 Portion Pastetenteig (Rezept S. 120)
2 EL Puderzucker

Man mischt Käse, Zucker, Vanille, Zitronensaft und -schale, fügt nacheinander die Eigelb unter Rühren hinzu, zieht die Rosinen darunter, schlägt die Eiweiß steif und hebt sie unter die Masse. Dann rollt man die Hälfte des Pastetenteigs passend für eine Pastetenform aus, streicht die Käsemischung darüber und deckt alles mit der ausgerollten anderen Teighälfte ab. Man versiegelt die Ränder, sticht die Oberseite mit einer Gabel ein, bäckt die Pastete 45 Minuten in einem 175° heißen Ofen, bestreut sie mit Puderzucker und läßt sie vor dem Servieren ganz abkühlen.

Getränke

Bei einer der vielen Zubereitungsarten von Kaffee rührt man einfach heiße Milch und Zucker zu sehr starkem Kaffee. Am beliebtesten ist jedoch die »Melange mit Schlagobers«, ein starker Kaffee mit heißer Milch und Zucker und einer ordentlichen Portion Schlagsahne. Wenn es sehr kalt ist, kann man immer Melange mit Ei bestellen: Das Ei wird mit dem Zucker in einem Glas verrührt, dann gibt man den heißen Kaffee darüber und verziert alles mit Schlagsahne. Die Wiener Damen trinken oft eine Melange, die zu gleichen Teilen aus heißem Kaffee und heißer Schokolade besteht und wieder mit Schlagsahne verziert ist.

Die Welt wäre um vieles ärmer an Romanen, Gedichten, Symphonien und Opern, wenn die Wiener Kaffeehäuser nie existiert hätten. Seit die Türken im 17. Jahrhundert den Geschmack am Kaffee vermittelten, versammelten sich die Künstler, Dichter und Musiker in diesen großen, altmodischen Wiener Kaffeehäusern, die auch heute noch fast ausschließlich eine Institution für Männer sind. Schriftsteller, Journalisten, Geschäftsleute, Regierungsbeamte und Rechtsanwälte gehen dorthin. Sie holen sich eine Zeitung vom Ständer, setzen sich auf die Lederbänke, Holz- oder Strohstühle und trinken ihren Kaffee. Heute ist dieser Kaffee häufig das Produkt einer italienischen Espressomaschine. Immer wird jedoch ein starker schwarzer Mokka oder eine Melange in gläsernen Tassen mit Silberhaltern serviert.

Wiener Kaffee

6 Portionen

6 Gewürznelken
1 Zimtstange
4½ Tassen Kaffee
¼ Tasse Zucker
12 EL steifgeschlagene Sahne
½ TL Zimtpulver

Man gibt die Nelken mit der Zimtstange in einem Stoffbeutelchen in den heißen Kaffee und läßt sie darin köcheln (nicht kochen!), entfernt dann den Beutel, rührt den Zucker in den heißen Kaffee, gießt ihn in Portionsgläser, gibt die Schlagsahne obenauf und bestreut sie mit etwas Zimtpulver.

Glühwein

4 Portionen

2 Tassen Rotwein
8 Zuckerwürfel
2 ganze Gewürznelken
2 Streifchen Zitronenschale
1 TL Vanille

Man erhitzt alle Zutaten außer der Vanille unter Rühren, bis sich der Zucker löst, läßt sie eine Weile köcheln und rührt dann die Vanille dazu. Durch ein Sieb gießt man alles in vorgewärmte Gläser und serviert den Glühwein sofort.

Kakao mit Schlagobers

4 Portionen

4 Tassen Milch
4 EL Kakaopulver
5 TL Zucker
³/₄ Tasse Schlagsahne

Man bringt die Milch zum Kochen und gibt langsam den Kakao und den Zucker unter ständigem Rühren dazu. Den Kakao gießt man nun in Tassen, gibt eine gute Portion Schlagsahne darauf und serviert ihn sofort.

Eierbier

4 Portionen

4 (ca. 1 Liter) Tassen Bier
8 Zuckerwürfel in
2 EL Zitronensaft geweicht
4 Eigelb

Man mischt das Bier mit dem geweichten Würfelzucker und bringt es zum Köcheln. Die Eigelb werden mit einigen Eßlöffeln kaltem Bier verrührt und zum heißen Bier gegeben. Man serviert das Getränk heiß.

Kardinal

6 Portionen

5 Zuckerwürfel
1 Orange
1 Tasse Ananassaft
¹/₂ Flasche süßer Weißwein
¹/₂ Flasche Sekt

Man reibt die Zuckerwürfel an der Orangenschale, gibt sie in einen Glaskrug, drückt die Orange aus und gießt den Saft über den Zucker. Saft und Zucker verrührt man, bis sich der Zucker löst, rührt dann Ananassaft und Weißwein dazu und stellt alles für 2 Stunden zugedeckt in den Eisschrank. Kurz vor dem Servieren gibt man einige Eiswürfel und den Sekt dazu.

Begriffe in der Küche

Au gratin
Man überzieht ein Gericht mit einer weißen Soße (die gewöhnlich mit geriebenem Käse bereitet wird) und überbäckt es im Ofen, bis es eine goldbraune Kruste erhält.

En papillote
Ein Garprozeß, bei dem Fleisch, Fisch oder Gemüse in besonders geeignetes Papier oder Alufolie gewickelt (gewöhnlich wird die Hülle eingeölt oder gebuttert und mit Kräutern und Gewürzen bestreut) und dann im Ofen gebacken oder über Holzkohle gegrillt wird. Dadurch werden Geschmack und Aroma bewahrt.

Gnocchi
Kleine Kugeln oder Klöße, die gewöhnlich aus Gries oder Kartoffeln hergestellt werden.

Pochieren
Ein Garprozeß in einer Flüssigkeit, bei dem besonders darauf geachtet werden muß, daß die Form der zu garenden Nahrungsmittel erhalten bleibt. Die Gartemperatur ist den Nahrungsmitteln entsprechend unterschiedlich.

Maße und Gewichte
1 Tasse	= 2,37	Deziliter
1 Eßlöffel	= 1,5	Zentiliter
1 Teelöffel	= 0,5	Zentiliter

Fischer Internationale Küche

In jedem dieser Bände finden Sie über 100 köstliche Rezepte. Der übersichtlich gegliederte Rezeptteil wird durch das ansprechende Layout (viele farbige Abbildungen) noch unterstützt.

Jeder Band enthält eine ausführliche kulturell-gastronomische Einführung in das entsprechende Land; die passenden Getränke (Weine!) sind aufgeführt und es ist angegeben, was in welcher Gegend und Landschaft zu welchem Gericht getrunken wird.

Magazin ›La Bonne Cuisine‹
Frankreich
Deutsche Erstausgabe
Band 1770

Luisa de Ruggieri
Italien
Deutsche Erstausgabe
Band 1771

Arne Krüger
Deutschland
Deutsche Erstausgabe
Band 1772

Lee To Chun
China
Deutsche Erstausgabe
Band 1773

Eva Bakos/Albert Kofranek
Schweiz, Österreich, Tschechoslowakei, Ungarn, Rumänien
Deutsche Erstausgabe
Band 1774

Roger Debasque
Griechenland, Türkei, Israel, Libanon, Iran
Deutsche Erstausgabe
Band 1775

Fischer
Rund um das
Kochen

Roland Gööck
Gewürze und Kräuter von A–Z
Band 1721

Hans Haëm
Haëms gezeichnete Kochfibel
Originalausgabe
Band 1663

Charlotte Leuenberger
Rund um das Fondue
Illustrierte Ausgabe
Band 1699

Charlotte Leuenberger
Rund um den Grill
Illustrierte Ausgabe
Band 1597

Curt Maronde
Rund um das Bier
Illustrierte Ausgabe
Band 1609

Curt Maronde
Rund um den Kaffee
Illustrierte Ausgabe
Band 1686

Curt Maronde
Rund um den Tee
Illustrierte Ausgabe
Band 1459

Kochen mit Thaddäus Troll
Illustrierte Ausgabe
Band 1584

FISCHER
TASCHENBÜCHER

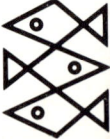